如何有效阅读一本书

零基础从阅读到输出

筝小钱·著

民主与建设出版社
·北京·

© 民主与建设出版社，2022

图书在版编目（CIP）数据

如何有效阅读一本书：零基础从阅读到输出 / 筝小钱著 . —— 北京：民主与建设出版社，2022.11（2024.5 重印）
ISBN 978-7-5139-4016-0

Ⅰ . ①如… Ⅱ . ①筝… Ⅲ . ①读书方法 Ⅳ .
① G792

中国版本图书馆 CIP 数据核字（2022）第 205262 号

如何有效阅读一本书：零基础从阅读到输出
RUHE YOUXIAO YUEDU YIBENSHU LINGJICHU CONG YUEDU DAO SHUCHU

著　　者	筝小钱
责任编辑	郭丽芳　周　艺
出版发行	民主与建设出版社有限责任公司
电　　话	（010）59417747　59419778
地　　址	北京市海淀区西三环中路 10 号望海楼 E 座 7 层
邮　　编	100142
印　　刷	天津旭非印刷有限公司
版　　次	2022 年 11 月第 1 版
印　　次	2024 年 5 月第 3 次印刷
开　　本	880 毫米 ×1230 毫米　1/32
印　　张	7.5
字　　数	130 千字
书　　号	ISBN 978-7-5139-4016-0
定　　价	49.80 元

注：如有印、装质量问题，请与出版社联系。

目 录
CONTENTS

第1章 如何培养你的阅读习惯

阅读,一种后天可以习得的行为和习惯   003
 买书如山倒,读书如抽丝?   003
 有效阅读的思维模式   004

如何开始自发快乐地阅读   009
 一年应该读多少本书   009
 循序渐进的读书计划   010
 配置图书的 70∶20∶10 模式   011
 如何制作自己的书单   013

有效阅读,你需要重塑阅读观念   016
 你需要破除的有关读书的几个刻板观念   016
 始终牢记读书的目的   017
 5 分钟阅读法   020

你也能养成"读书体质"   024
 养成读书的大脑   024

I

书会滋养我们成长	026
读书不是修行，享受读书的乐趣	027
人与书相互成就	028

第2章 三大方法，扫除阅读障碍

"离家出走式"读书，不同的场所不同的体验	033
去咖啡馆读书	034
去自习室读书	035
去图书馆读书	035
去书店读书	036
让大脑和读书形成正向刺激，读书不再犯困	038
给爱书排名，激发你看书的动力	039
搜索作者的故事，把读书变为"读人"，这样会更有意思	040
用听书的方式舒缓阅读疲劳	042
去自习室读书	042
每次阅读设定一个目标，读书不再分心	044
每次读书时，带着一个问题阅读	046
每次读书前，设定一个应用范围	047
每次读书前，想好一种拆解思路	048
让你读了就记得住的读书法	050
为什么总是记不住	050
主动加深思考，吸收书中内容	052

目录

调整阅读目的，多思考可以分享给谁	054
阅读游戏模型，沉浸在阅读的快乐中	056
目标：围绕你当前最大的烦恼来确定阅读目标	057
规则：设计有趣的阅读闯关玩法	058
反馈：给自己一个通关奖励	060
体验：用请人代打的方式帮助理解	061

第3章 选书有妙招，轻松提升阅读力

选书的数量与类型	067
如何判断一本书的质量好坏	069
查看电商平台上的图书信息	069
阅读书籍目录和正文试读部分	069
搜索和分析作者以往的作品	070
查看出版社和图书品牌	070
万一买的书跟预期不符怎么办	072
基础选书法：在电商平台上买书的方法	073
从问题出发找书	073
搜索同类书	073
搜索同一作者的其他书籍	074
进阶选书法：稳准好的四大高效选书法	075
找"平替"型书，与知识积累相匹配	075
四象限选书法：根据性格选书	078

III

如何有效阅读一本书

高效 T 型书单法：匹配你的技能目标	086
主题阅读法：提升阅读力	090

第4章 高效能阅读

如何才能快速阅读 099
什么时候你需要快速阅读 099
如何开始快速阅读 100

读书时总是回读，效率低怎么办 105
什么是 A4 纸阅读法 105
如何应用 A4 阅读法 107

读书不专注，可以听有声书 113
听书的优势 113
听书的弊端 114
什么人适合听书 116
如何灵活调配听书和看书的节奏 118

真正的阅读，是重读 119
重读的时候，你会有新收获 119
重读时，能与过去的自己重逢 120
重读，能遇见不同时期的自己 121
如何重读 122

读书时有必要朗读吗 124
朗读的价值 124

朗读有助于理解高难度文章	125
朗读能触动你的延伸思考	125
朗读有助于你的写作	126
什么时候朗读	127

读完记得牢，阅读更高效　　130

什么是"笔读法"	131
为什么一定要试试"笔读法"	132
从读者到抄写者	133

第5章 读后输出，把读过的书变成财富

读书笔记：输出的基础　　139

5分钟笔记法	140
10～15分钟笔记法	141
30分钟笔记法	144
两个小时笔记法	152

荐书稿：稳定的输出方式　　160

种草型和带货型荐书稿	160
如何写荐书稿	162
荐书稿写作中的常见问题	163
图书带货视频的录制和发布流程	164

书评：积累与变现共存　　166

| 写书评前的思路梳理 | 166 |
| 如何写书评大纲 | 167 |

书评的价值	169
社群领读：现代阅读新形态	**172**
为什么读书会成为新形态	172
什么是社群领读	174
社群领读稿如何写	176
解书成课：输出的主要方式	**180**
什么是解书成课	180
零基础解书成课	182
一门课上架的全流程	184
读书的 N 种输出方式	**187**
五种读书输出方式	187
不同变现方式的效率与收益	189
新手该如何读书输出	191

第 6 章
深度阅读，硬核输出，让阅读改变生活

怎样更好地理解消化一本书	**199**
尝试吸收书中观点	199
完成阅读后，用自己的话表达出来	201
带着观点读书	202
带着问题读书	202
拆解能力：阅读的底层能力	**204**
什么是拆解能力	204

如何锻炼自己的拆解能力　　　　　　　　205
几种常见图书的拆解方法　　　　　　　　207

用读书指导学习，用学习检视读书　　212

每年读 50 本书，完成一次英雄之旅　　　212
完成学习之旅圆环　　　　　　　　　　　213
成为更好的自己：三个学习之旅圆环实操　215
私家珍藏：对我帮助很大的书　　　　　　221

第1章

如何培养你的阅读习惯

阅读，一种后天可以习得的行为和习惯

买书如山倒，读书如抽丝？

书籍可以滋养我们的生命，这种滋养是潜移默化的。在开启读书这场旅行之前，让我们先做一道测试题。

你认为下面两个目标中哪个更容易实现：

1. 一年读完50本书；
2. 掷100次硬币，出现正面的次数达到60次。

你的选择是什么呢？有数据表明，大多数人在测试中选择了目标2。或许我们会认为，既然每次掷硬币都有50%的概率出现正面，那么在100次内出现60次正面的概率并不低。但以我们自身或身边人的阅读情况来看，很多人从未在一年内读完50本书。根据中国音像与数字出版协会发布的《2020年度中国数字阅读报告》，在2020年，中国数字阅读用户规模达到4.94亿，人均电子书阅读量为9.1

如何有效阅读一本书

本，人均纸质书阅读量为 6.2 本。综合来看，中国人每年的人均阅读量只有 15.3 本，距离 50 本的目标还很远。

我们读书少的原因究竟是什么？

有人说："我无数次想埋首书本，但除了小说，其他类型的书很难读进去。"也有人说："我读得很认真，但往往读了很长时间，却没读多少页。"还有人说："我没读多少页就累了，于是把书合上，放在一旁。再次翻开时，已是几周之后。此时，我早已想不起上次的内容。"

曾经的你是否也是这样？

虽然我们经常制订读书计划，但总是半途而废，在持续的自责中经历着"计划—尝试—失败—再次计划"的循环。

正因如此，我们可能认为自己不是读书的料——当初上学时就不擅长读书，现在也一样——而那些阅读量惊人的人，本身就天赋异禀。

真的是这样吗？答案藏在你的思维方式里。

有效阅读的思维模式

让我们再来做一道测试题。

下列哪些选项是你在大多数情况下比较认同的：

1. 我的能力已经基本固化，不会再有大的提升；

2. 不管我怎样努力，我的能力都不会得到提升；

3. 如果不断努力，我的能力或许会有一定程度的提升；

4. 不管现阶段如何，我的能力都可以持续得到提升。

根据《终身成长》一书所述，选择 1 或 2 的人拥有固定式思维，他们会急于一遍遍地证明自己；选择 3 或 4 的人拥有成长型思维，他们认为人的品质并非一成不变，虽然天赋、资质、兴趣、性情等各有不同，但每个人都可以通过努力获得改变和成长。

想一想，你的思维方式属于哪一种？

斯坦福大学心理学教授卡罗尔·德韦克通过一项研究，验证了两种思维方式对人的影响。他将 70 名 11 岁的孩子分为两组，一组拥有成长型思维，另一组拥有固定式思维。

德韦克为两组孩子准备了相同的测试题，分别对他们进行了两次测试。

第一次测试时，研究人员会提前给出提示，每测试完一道题，研究人员都会告诉受试者对错。最终，两组受试者的成绩并无明显差异。第二次测试时，研究人员事先不给提示，每测试完四道题给一次反馈。

测试条件发生改变后，两组受试者的成绩开始出现差异。当两组受试者收到"回答错误"的反馈时，拥有成长型思维的孩子倾向于寻求更有效的解题策略，而拥有固定式思维的孩子则无法接受。

被问到"解题时遇到哪些困难"时，前者会说"我没有努力尝试"或"题目比练习时难"，而后者则认为"我不够聪明"。

在第二次测试中，研究人员允许受试者大声说出自己的想法。结果一半以上拥有成长型思维的孩子会说"问题越来越难，我也要更加努力才行"，或者"冷静点，慢慢来"；但拥有固定式思维的孩子几乎不说这些话。当遭遇失败时，前者会说"我没有好好集中注意力"，后者则会说"唉，认输吧"。

为何会有这样的差异？一组脑电波检测结果显示，当收到"回答错误"的反馈时，拥有固定式思维的孩子害怕再尝试新的挑战，最终导致他们无法尝试使用新的策略去应对挑战。**拥有成长型思维的孩子不会自我设限，而是将失败看作变得更好的契机。**他们会认为，只要继续努力，就能走出逆境。因此，他们更敢于面对挑战。

既然不同的思维方式会导致不同的结果，那么思维方式可以改变吗？2007年，德韦克教授通过另一项实验回答了这一问题。他以中学生为对象，将拥有固定式思维的孩子分为两组，教授一组一般的学习方法，教授另一组如何培养成长型思维。结果显示，在成绩获得提升的学生中，有76%接受了成长型思维教育。这项实验表明，教育可以有效地培养成长型思维。德韦克教授指出："头脑不是固定不变的。头脑和肌肉一样，练习可以使之更有力量，所以认真努力能变得更聪明。"

我也曾是一个拥有典型的固定式思维的人，每次遭遇失败时，我都会感到压抑和自我威胁。为了逃避痛苦，我开始自欺欺人，以"读书多的人都有读书的脑瓜，而我没有"之类的理由逃避现实，直至沟通问题严重影响到我的职业发展。为了解决这一问题，我对沟通方法类的书产生了浓厚的兴趣。在阅读沟通方法相关的书时，我第一次有了沉浸其中的奇妙体验，从此一发不可收。

我的读书之旅始于偶然。在此之前，我从没想过自己能在一年内读完100本书。但是，我做到了。

如果你也和曾经的我一样，不相信自己可以发生改变，那么不管接下来我分享什么方法，都很难让你获得成长。我们固然会受到环境、基因等先天或后天因素的影响，但在可控范围内，我们仍然可以通过努力获得改变，如"一年读完50本书"。相反，像掷硬币这种事情，我们只能依赖概率和偶然性。与其依赖运气，不如自己努力。

除了思维模式，我想不出还有什么原因，能让大家的阅读量差距如此之大。思维模式又和读书时的大脑反应有关。

20世纪80年代，维特洛克博士提出："阅读文本时，我们不仅阅读字面意思，还会创造新的意思来促成理解。阅读文本的同时，我们启用了包含知识和经验的记忆，来构建文字与句子、段落和文章之间的关系，赋予文本以意义。"

也就是说，读书并不是一个单纯依靠视觉的过程，一个人在读书时，大脑会通过视觉、听觉、语言、概念等多种方式收集信息，然后将这些信息与记忆和感情部分统筹结合。在读书之旅的不同阶段，大脑的统筹效率是不同的。脑部造影显示，在阅读量较少的情况下，大脑通过脊神经后根来理解文字，此时，脑神经传递信息速度慢、效率低；当一个人熟练掌握阅读技巧后，他的大脑会通过脊神经前根来处理信息，大脑的效率也更高。随着阅读量越来越大，人们逐渐不再使用基础的两侧大脑活动体系，而会使用更高效的左脑系统。

当阅读量少的人仍在逐字逐句解读文本时，成熟的阅读者已经构建好了解读系统，这一现象背后的生理原因正是如此。

不过，如果你刚开始学习阅读，也不必担心，因为我们的大脑具有可塑性。借助大脑的可塑性，我们可以把自己的大脑变成"读书的大脑"。正如萧伯纳所说："生活的意义不是发现自我，而是创造自我。"

读书的过程，就是不断塑造大脑的过程。通过阅读，我们可以让那些经验和阅历丰富的作者走进自己的生活，借助书中的知识、方法、技巧、启示，放大自己的优势，打破资源匮乏的困局，最终像德国文学家马丁·瓦尔泽说的那样："我们在阅读中成为自己。"让我们通过读书来滋养生命，不断成长。

现在，你是要培养一个"读书的大脑"，还是坚持认为自己天生无用呢？

如何开始自发快乐地阅读

我们该如何提升自己的阅读能力呢？很多人会想到一个答案：多读。可是，读多少本书才算多呢？

一年应该读多少本书

请回想一下，你平均每年读多少本书？

1. 10本左右；

2. 10本到20本；

3. 20本以上。

你对自己的阅读量满意吗？一组调查数据显示，"比较满意"的人只占样本总量的10%，"不满意"的人则多达70%。当被问及"为什么应该多读书"时，70%的人认为读书对工作、育儿、个人成长等大有裨益。有孩子的人甚至希望通过自己的阅读行为，让孩子爱上读书、爱上学习。

虽然我们都明白读书有益，但并没有采取切实行动，提高自己的阅读量。其中很大一部分原因可能是工作太忙、要带孩子等，没有时间阅读。

但仔细思考一下,我们其实有大量可用于阅读的碎片时间。通勤时间、吃饭时间、等车时间等,都可以利用起来。美国小说家亨利·米勒就曾说过:"我的书都是在厕所里读的。"比尔·盖茨会把休假的时间全部用来读书。

大家可以想想,还有哪些时间可以用来读书。

回到本节开篇的问题,一年读多少本书才算多呢?100本?

有人会说:"阅读量并不重要,能产生共鸣、有收获感就好。"

如果你读的是经典作品,那么你一年只读5本,也会很有收获。但是,由于时间跨度很长,你可能会陆续忘记它们引发的思考和带给你的感受。而且,你对经典作品的认定标准也会不断变化。因此,我认为每年读5本书并不够。

循序渐进的读书计划

《书都不会读,你还想成功》一书分享了一项循序渐进的读书计划。这项计划共分四步:第一步,确定读书目标,告诉自己"读书可以改变人生";第二步,用100天阅读33本书,培养兴趣和习惯;第三步,在完成上一阶段目标的基础上,用一年时间读完100本与本行业相关的书籍,即平均每个月读近10本业务相关的经典书籍并持续输出;第四步,在完成前三步的基础上,通过约见榜样人物以及一年读365本书,实现扩展知识广度的目标。

这一计划有用吗？当然有用。但对大多数上班族来说，持续践行三年需要极强的毅力。很多人的实践已经证明，退而求其次，用100天时间读完33本书是完全可行的。我专门调查过1000个人的读书情况：在读书社群的共读氛围下，通过恰当的选书方式，每人每年可以读完50本书；随着经验的积累，大部分人可以远远超过50本。

配置图书的70∶20∶10模式

上节讲到，大部分人一年可以读完50本，这50本书应该按照不同的主题和比例来配置，目的是确保"营养均衡"。

在选书时，我们应该避免选太多大部头或难度比较高的作品，因为像《社会心理学》《思考，快与慢》《模型思维》之类的书，虽然内容精良，但我们十有八九会半途而废。失败的读书经历，会让我们对大部头作品乃至常规作品敬而远之。同样，我们也不要选择太多消遣类书籍，因为它们对你的日常工作和生活帮助不大。

我们应该按照怎样的比例来搭配这50本书呢？

想必你听说过"70∶20∶10"投资基准比（见图1.1）吧。它是由谷歌前执行董事长埃里克·施密特提出的，具体是指，将70%的资金和时间用于充实现有服务，20%的资金和时间用于充实现有服务的周边服务，10%的资金和时间用于全新的未知领域。

我们可以把这一基准引入阅读领域：将70%的时间和精力用于

提升技能，20% 的时间和精力用于增长你的经验和见识，10% 的时间和精力用于你感兴趣的领域。这样一来，你既可以保证获得更多的技能和知识，也可以有效避免华而不实的炫耀性阅读。

70：20：10 模式

70% 提升技能	20% 增长 经验和见识	10% 感兴趣的 领域

图 1.1 "70：20：10 模式"读书基准

根据我的经验，在这 50 本书中，70% 的书应以提升技能为主，如关于沟通、演讲、写作、PPT 制作、销售、运营能力等主题的书；20% 的书应以增长经验、见识、认知格局为主；余下 10% 的书，你可以根据自己的喜好任意选择。

这一比例并不需要丝毫不差地、机械地遵守，只是你选书时的参考。当你发现自己选择了太多消遣类书籍时，你就要有意提高技能类书籍的比例。

在购书支出方面，你也可以按照 70：20：10 这一比例去配置。如果你每个月有 1000 元预算用于买书，那么 700 元可以买用于技能提升的书，200 元可以买用于增长经验、见识的书，100 元可以买用于自己爱好的书。

光是想到每个月可以用 100 元买自己喜欢的书，我就兴奋不已。

如果每个月可以将700元投资于培养一技之长，你很快就能成长为专业人才。

如果你每个月将1000元用于买书，那么三年后，你将拥有315本书（假设图书单价为80元/本）。读完这么多书之后，你一定会更具竞争优势。

有一位没有专长的普通打工人，通过读书、自学，逐渐变成了包工头，后来，他又从零开始学习销售技能，最后成为一位销售总监。这个人就是我父亲。受他的影响，我也爱上了读书。

一开始，我很少读技能类书籍。后来，我按照读书基准比，逐渐调整了自己的阅读类型比例。

如何制作自己的书单

临床心理学家Victor Nell在关于自发快乐阅读的研究中指出，如果人们要自发地读书，他需要拥有阅读能力、积极地期待并选择适合的读物。初级阅读者，在没有足够的能力之前，不要去选别人眼里的经典而你没有兴趣的书，此时，最重要的是小心呵护自己的阅读兴趣。针对初级阅读者，建议大家在制作自己的书单时，可以参考以下标准：

1. 教科书式的入门书不选，因为它们内容繁杂，过于全面，一般比较厚，让人有压力。

2. 超过400页的书不选，即使它们的内容很好。初级阅读者一般很难迈过400页这一门槛，所以，这种书可以暂时放一放，将来有足够阅读能力时再选。

3. 除了内容简单的书籍，也要选一些有一定深度但比较好理解的书。

4. 先从自己熟悉的领域选起，而不是一上来就选择陌生领域的书。

5. 图书的类型大致按照70∶20∶10这一比例去配置。

表1.1是我某一年的年度书单，供参考。

表1.1　我的年度书单

书的类型	书名
阅读	《如何阅读，一个已被证实的低投入高回报的学习方法》《书都不会读，你还想成功》《阅读7堂课》《如何共读一本书》
写作	《卖货文案：新媒体文案创作10堂必修课》《爆款文案》《写作7堂课》《学会写作》
自我开发	《瞬变：如何让你的世界变好一些》《个人品牌创业之路》《创业7堂课》《沟通的方法》《矩阵分析》《换位沟通》《高效能人士的七个习惯》《走红思维》《逻辑思维只要五步》《说服别人，只要三步》《提升力：让工作和生活更顺利》《如何想到又做到》《赢》

续表

书的类型	书名
运营	《首席产品官》《冲突》《上瘾》
关于幸福	《蛤蟆先生去看心理医生》
关于抉择	《做出好选择》《规划最好的一年》
育儿	《好孩子,是教出来的》
学习力	《知识产品经理手册:付费产品版》《穿透式学习》
认知提升	《认知觉醒:开启自我改变的原动力》《终身成长:重新定义成功的思维模式》《逆袭:人生进阶的基本逻辑》《格局逆袭》《这才是POA》
投资理财	《有钱人和你想的不一样》
健康养生	《女性养生三步走》
培训与教练	《培训师的21项技能修炼》《培训师授课技能手册》《培训课程开发与设计》《培训师成长实战手册》《交互式培训》《四元八步:脑友好型课程设计》《引导工具箱》《欧卡,翻转你的命运》《欧卡,经典玩法101》《教练式沟通》
文学历史	《道是风雅却寻常:宋人十二时辰》《寻找时间的人》《查令十字街84号》

有效阅读，你需要重塑阅读观念

过去几年我组织过上百场读书活动，其间我经常问大家一个问题："你们遇到过哪些困扰和阻碍？"有的说"没时间读书"，有的说"读完记不住"，有的说"书到用时方恨少"……在帮大家解答这些问题时我发现，关于阅读很多人都陷入了一些刻板观念。

你需要破除的有关读书的几个刻板观念

在很多人的观念里，读书是一件极严肃甚至有些神圣的事，有很多的"清规戒律"需要遵守。在这种刻板观念影响下，导致他们对读书缺乏积极的期待，甚至因为畏惧而不开始。

认为从头到尾读完一本书，才算读过

很多人非要从头到尾读完一本书，否则心里不踏实。实际上，并不是所有的书都值得读完。

吴军博士总结过：为了兼顾阅读的广度与深度，一个人的阅读应该分层，用于典藏的书，需要深度，不断反复阅读；用于实现知识完整性的书，需要细读，有助于建立自己的知识图谱；翻翻浏览的书，可以用于扩大视野。

所以，有些书你完全可以跳读、略读，在时间有限或者兴趣不足时，你也可以弃读。

认为那些擅长读书的人，每天都会读书

我有很多阅读量非常大的朋友，他们并不是每天都看书，而是倾向于周期性阅读。所谓周期性阅读，是指基于某个阅读目标，在某个周期内大量阅读相关的书。比如基于培训课的设计，15天内读23本培训主题的书，而在读这批书之前和之后的一段时间，并没有每天读书。

认为每次阅读都应该持续至少30分钟甚至1小时以上

现在很多人难以进行沉浸式阅读，所以他们对阅读时长十分敏感，认为持续时间较长的阅读才是有效的。其实，阅读是否有效果不在于时长，而在于方法，在于不放弃。

除了上述三个误区，还有很多其他误区。

我发现一个有意思的现象，那些说自己不擅长读书的人，未必不会读书，只是受限于对阅读的一些刻板观念。他们认为长时间、高频次、有始有终的阅读才是最理想的。对于成年人来说，满足这样的期待显然很难。

始终牢记读书的目的

有目的阅读与无目的阅读。有目的阅读是指阅读某本书、杂志或者信件时，知道自己为什么而读。这与做事情时心中有目标类似。例如，读报纸时，你的目的在于了解世界热点或周边时事。无目的阅读指的是心中没有目标，如同去百货商店，说："我只是看看。"

选择阅读对象

如果你接下来会有一周的假期，你就需要考虑一些事情，比如，想去哪里，为什么，怎么到达那里以及想做些什么。

就像你动手为假期做准备一样，你也需要准备好大脑开始阅读，这是帮助你集中注意力和提高阅读效率的第一步。在开始阅读之前你可以自问两个最有用的问题：

1. 我为什么读这个？

2. 我读这些信息做什么？

你对这些问题的回答会帮助你明白自己阅读的目的和任务。在阅读之前，我会与每一份阅读材料进行一次假想中的对话。比如，假设我的下一份阅读材料是一份专业期刊。我把它放在手里，看下封面，然后自问："我为什么要读它？"如果找不到一个合适的理由，那么我可以选择不去读。如果不确定，我会打开它快速浏览目录，看到感兴趣的文章，再问一次："为什么要读它？"在脑海中自己回答这个问题。比如，读它是为了"扩充知识"，或者是为了"了解最新时事"。如果在阅读之前记得问自己"为什么"，你或许会找到更多理由去读某一份材料。

一旦了解目的，接下来就要思考你的任务。"我需要这些信息做什么？"或者"我使用这些信息做什么？"例如，我需要这些信息"完成测验""参加会议""销售产品"，或者"帮孩子在学校表现更好"等。

我的很多学员告诉我，当他们有意识地带着目的和任务去阅读时，他们为成果感到惊讶，只阅读有用的信息，为他们省下很多时间。他们也发现自己的注意力集中了，从而更加有助于理解。

想要提升阅读能力，不仅要学习方法，更要始终牢记自己的目的。你可以回想一下自己当初为什么要读书，把读书的初心写下来。

我刚参加工作时，业余时间充裕，读书是让生活不那么枯燥的主要手段。那时候，我读了很多符合我兴趣爱好的书。后来我发现，这些书只是充盈了我的生活，对我的工作没有太多帮助。

我从行政人事转岗做互联网运营后，开始大量阅读专业领域的书籍。那时候，我读书的目的是希望自己快速切入新行业，以应对未来的挑战。

后来我成了管理层，我希望自己能通过阅读学会带团队，学会与不同类型的同事、客户相处，更好地促成合作。

也许在人生的不同阶段，你读书的目的各不相同，但只有明确了目的，你才能确定何种方法最符合你当前人生阶段的需求。

如果你读书的目的是获得一技之长，找到一份收入更高的工作或副业，那么你应该明白：

如何有效阅读一本书

1. 不需要把每本书从头到尾读完。我们可以只提取与当前目标密切相关的内容，或者用速读法快速了解书籍内容，比如，只看标题和段首段尾的句子。

2. 不需要每天阅读。如果某天真的很忙或者有突发事件，我们可以暂停阅读。这并不能说明你是个缺乏毅力的人，最重要的是形成自己的阅读周期。

3. 不需要为每次阅读设定时长限制。我们不必对阅读时长太敏感。在工作日，每次可以只阅读5～15分钟。哪怕只读懂了一个知识点，也是一种收获。

那么，在5～15分钟这么短的时间内如何阅读呢？方法在后边我们会详细讲解。

5分钟阅读法

- 基于好奇心去选书
- 从感兴趣的章节开始读
- 每次读书时间5分钟起步，不设上限，预留时间消化书
- 写下书中印象深刻的内容
- 启动延伸思考，进一步消化

这是我原创的"5分钟阅读法"，可以帮你放下阅读负担，养成

随时随地看书的习惯。

第一，你可以从自己的年度书单中任意挑选一本一眼看上去就很吸引人的书，不必纠结，不要给自己压力，毕竟其他书以后也会读到。

第二，你可以从自己感兴趣的章节开始，而不是接着上一次读到的内容。快速看一下目录，哪个标题最吸引你，你就从哪一章节开始读。兴趣是最好的动力，会驱使你阅读更多的内容。也许在不知不觉间，你会持续阅读15分钟甚至更久。

第三，阅读时长5分钟起步，上不封顶。因为5分钟足够短，所以我们每天都能找出多个5分钟用于读书，比如早起、上下班路上、午休时间、三餐间隙、睡觉前。你可以根据具体情况来设定阅读时长的上限，如果可用时间很多，你就可以进行沉浸式阅读。成年人高度专注的时长一般只能持续15分钟左右，因此，我们也可以定一个闹钟，每15分钟暂停一下，进入思考和输出阶段。

第四，记下让你印象深刻的内容，它们可以是书中的一句话、一张图、一个人物的性格特点，等等。为什么要记下这样的内容呢？因为你很可能在几分钟后就会忘记。为了不让这些精彩瞬间消逝，你需要赶紧把它们写下来。你可以把它们抄在笔记本上，也可以发布在微信朋友圈、小红书、今日头条等社交媒体账号上。没有最佳的记录形式，只要你去记录，就会有收获。

第五，延伸思考。为了加深理解，我们需要对所读内容进行思考。我们可以运用前面介绍过的方法，对书籍内容进行延伸思考。

我简单总结一下。对于方法类的书，我们应该思考如何应用，比如，将来遇到类似情况，我们应该如何创造性地应对。对于故事类的书，我们应该思考如何分享这个故事，它有哪些特别之处，比如，人物的经历很特别，人物的性格很打动人。我们可以试着用自己的语言把这个故事讲给朋友听。对于散文随笔类的书，我们应该回想自己生活中是否有过类似的场景，有哪些人和故事藏在我们的记忆深处。设想一下，如果回到过去，你会对当时的自己说些什么。

以上就是5分钟阅读法的整个过程，按照这个步骤，你会渐渐放开限制，真正投入到阅读本身的乐趣中。

此外，我建议你不要闭门造车，试着走进人群，跟他人讨论书籍内容，交流阅读心得。

独自一个人读书，需要强大的自制力，很容易半途而废，也可能逃避较难的书，最后只会慨叹："我看的书也不少，但好像没什么收获。"

对于自制力差的人来说，跟着别人一起读书的效果可能出乎意料。参加一些读书会活动，你不仅可以跟别人讨论书中的知识，还能听到不同人对同一本书的不同看法。这时候，你学到的就不只是书中的文字，而是一幅描绘生活百态的画卷，画卷中藏着我们的过往，也藏着我们对生活的思考和热爱。

不要对自己太苛刻。开卷有益，只要注重思考，就能越来越好！

第1章 如何培养你的阅读习惯

认知篇:为什么你读书少?

为什么你读书少?

- 固定式思维方式 ✗(无变化)
- 必须从头到尾读 ✗
- 必须每天读 ✗
- 最少30分钟 ✗

怎么办?

- 成长型思维方式 ✓(搭建中)
- 不需要从头读到尾 ✓
- 不是每天阅读 ✓
- 不限制时长 ✓

你也能养成"读书体质"

养成读书的大脑

我的阅读之旅并非一帆风顺。

最初,对于技能类书籍,我很难读进去,每每坚持不了几页,就会停下来。等到再拿起书时,失败的阴影就开始折磨我。即便我几次三番下决心,效果仍然不甚理想。

我不再相信自己的意志力。

为了摆脱这种困境,我决定参加读书社群,跟着大家每天打卡,以督促自己读书。

一开始,我还是会被晦涩的文字击败,也常常在读书过程中打盹。我的内心总是冒出一个声音:"今天就读到这儿吧,我已经读得不少了。"

但是,一想到社群里大家都在坚持每天打卡,而且不打卡就会被踢出群,我就会重新打起精神。

面对那些大部头作品,我学会了寻找同一主题的替代书,我称之为"平替"——这一方法会在后文详述。

"由简入繁易",我从此入手,很快变成了一位成熟的阅读者。

在不断克服困难、摸索阅读方法的过程中,我逐渐能够做到精神高度集中,也能够评价书籍的好坏了。最重要的是,我的阅读速度变快了。

平生第一次,我用一年时间读完了 100 本书。

我的大脑被训练成了会读书的大脑。

后来,我生了小孩,转行做互联网运营,工作变得非常忙,但是,我仍旧保持着每年阅读 100 本书的习惯。

现在,我一边创业,一边辅导孩子功课,忙得不可开交,但我每年依然能够阅读 50 本书。在读书过程中,我还练就了"拆盲盒"的能力,即随手拿起一本技能类书籍,我都能立刻进入阅读状态,并在事后分享让我印象深刻的内容。

实际上,技能类书籍比消遣类书籍更容易掌握,因为技能类书籍包含大量有助于理解的案例。想要通过读书提升专业技能,必须达到一定的阅读量,否则会有一种似懂非懂的感觉。

在阅读大量技能类书籍后,我做到了触类旁通。通过读书来总结不同领域间相通的规律,再通过实践加以试验,如此不断重复,人人都能成为理论与实践相结合的专业人才。

从我自己的阅读经历来看,最困难的时期是初入读书领域的时期。

对于想挑战"一年读完 50 本书"的人来说,首先要考虑的是,如何将自己的阅读量提高到每月 4 本书。

首先,我们要调整自己的思维方式,培养成长型思维,也就是说,我们要认定自己实际上具备潜力,能够培养出读书的大脑。其次,在起步阶段,我们不要严格限定时间和数量,先从自己非常喜欢的书开始,这会使我们越来越享受阅读。最后,不能一味地相信自己的意志力,要尝试进入一个有利于读书的环境中,这种环境可以是物理意义上的咖啡馆、图书馆,也可以是网络上的某个读书社群。找到一个契合自己的环境尤为重要。在未养成读书习惯之前,你可以把自己绑定在这种环境中。随着时间的推移,当你不读书心里就不舒服时,说明你已经培养出了读书的大脑。

塞万提斯在《唐·吉诃德》中写道:"万物需要在岁月中成熟。没有谁生下来就是贤者。"

让我们以此句共勉。是的,你也能养成"读书体质"。

书会滋养我们成长

书籍始终滋养着我们,能给予我们启发和方法,帮助我们解决现实问题,让我们的内心更有力量,更有底气迎战未来的不确定性。但是,我们需要很长时间才能感受到读书带给我们的变化。

很多年前,还在求学的我,面对马上到来的求职季十分慌张。没什么人可以告诉我未来该如何走,同学们都一样迷茫。我试图逃避与工作相关的话题,于是逃进了图书馆。在图书馆随意翻看着一些书。它们并没有给我解决问题的方法，但读书的过程让我躁动的心逐渐安定下来。于是我开始研究怎样创建和投递简历，怎样参加和复盘面试。在一次次失利中，我终于找到了一份实习工作。

实习工作是紧张而忙碌的，职场新人的身份让我充满焦虑。无法依靠他人获得工作经验，我便又一次把目光投向了阅读。毕业后我依然坚持用为数不多的钱购买书籍。因为随着工作的变动，视野的变化，我需要不断地学习。当你是职场新人时，你需要学习入门的知识，当你职位提升时，你就需要管理类书籍。阅读对我们的滋养并非一朝一夕。

在2019年毕业10周年聚会上，同学问我从事什么行业，我说："我现在是讲书人，我靠读书、讲书为生。"

十年磨一剑。当我回忆过往时，我会想起读书给予我的力量。

读书不是修行，享受读书的乐趣

读书会带给我们无穷的乐趣。

第一种乐趣，不同的书会带来不同的体验。

实用类书籍可以帮我们解决问题，文学类书籍可以启迪人生智慧，散文诗歌可以陶冶情操。每类书籍又有很多细分类别，如育儿类书籍又分为家教方法、儿童心理、亲子关系等。我们感兴趣的所有问题都有对应的书籍。

第二种乐趣，同类书中不同作者的观点会有交集。

我们在读一本书时经常会发现，其他作者也说过类似的观点，比如"成长型思维"和"固定式思维"之分；也会看到某种方法被不同领域的作者使用，比如"英雄之旅"这个词出现在教练领域、写作领域、学习领域的书中。

第三种乐趣，不同的人读同一本书会有不同的感受。

我在读书会上经常遇到这种情况，对于同一本书，大家会说出完全不同的想法或感悟。这是因为每个人的经历、偏好和知识储备各不相同。

第四种乐趣，与直接看书相比，了解作者的经历后再读书，感受完全不同。

熟悉作者的经历，尤其是他创作此书的缘起后，我们会发现书中埋藏的很多细节，也更能体会作者的心境与所思所想。

这些都是读书的乐趣。

虽然我是一个职业读书人，但我绝不是最擅长读书的人，我只是发现了读书的乐趣，摸索出一些有用的读书方法。所以，我很希望更多的人能体会到读书的快乐。尤其是在你迷茫无助时，从书里浮现出的文字可以像黑夜中的星星一般，为你指引前进的方向。读书的能力并不是难以学习和获得的能力，你练习的速度一定比我快，只是过去的你没发现其中的乐趣而已。

人与书相互成就

我经常在网上或线下见到一些人，能把书讲得特别透彻。这一方面是因为书的内容本身很好，另一方面是因为他们认真研读了这些书，对内容的理解超出常人。

最初，我们带着迷茫去书中寻找答案。渐渐地，我们爱上了读书，体会到了读书的快乐。书中的智慧启迪了我们，解决了我们的困惑或现实问题。接下来，我们会主动将好书推荐给别人，向更多人分享读书感悟。

所以说，人和书是相互成就的。

认知篇：为什么你读书少？

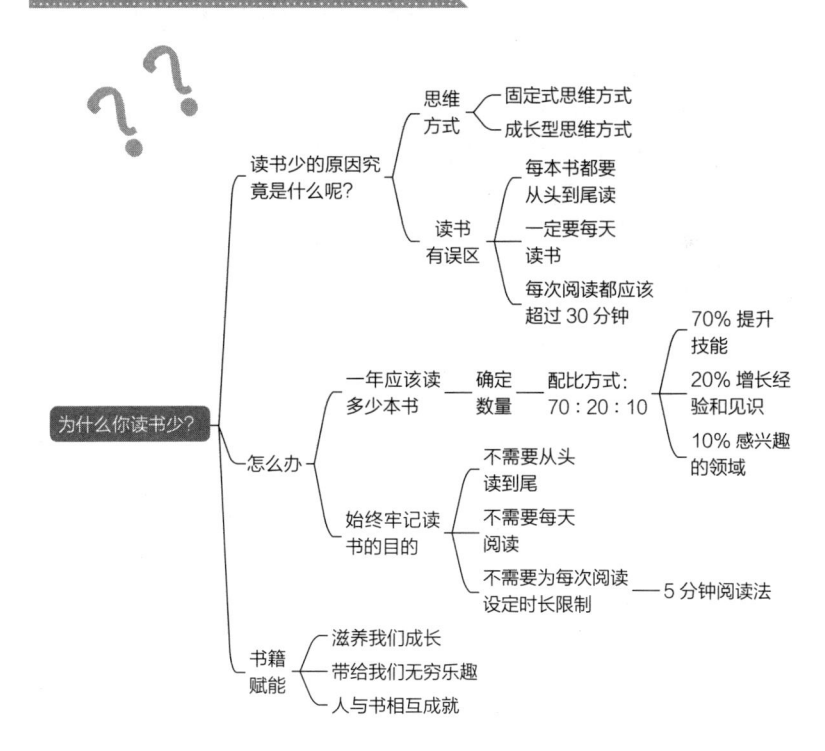

为什么你读书少？
- 读书少的原因究竟是什么呢？
  - 思维方式
    - 固定式思维方式
    - 成长型思维方式
  - 读书有误区
    - 每本书都要从头到尾读
    - 一定要每天读书
    - 每次阅读都应该超过 30 分钟
- 怎么办
  - 一年应该读多少本书
    - 确定数量
      - 配比方式：70∶20∶10
        - 70% 提升技能
        - 20% 增长经验和见识
        - 10% 感兴趣的领域
  - 始终牢记读书的目的
    - 不需要从头读到尾
    - 不需要每天阅读
    - 不需要为每次阅读设定时长限制 —— 5 分钟阅读法
- 书籍赋能
  - 滋养我们成长
  - 带给我们无穷乐趣
  - 人与书相互成就

第 2 章

三大方法,扫除阅读障碍

很多人都知道应该读书，但就是读不进去，一看书就困，很容易走神。如果刚巧你就是这样，大可不必妄自菲薄，觉得自己不适合读书。其实，阅读并没有我们想象的难，只要你能掌握下面的几种阅读方法，就会发现，阅读不仅容易而且还有趣。

"离家出走式"读书，不同的场所不同的体验

有人说："尽管我有时候很想读书，但就是读不进去，我该怎么办？下班回到家后，我只想窝在沙发上玩手机或看电视，该怎样改掉这些坏习惯呢？"

想改掉这些习惯，其实并不难。如果你是出于兴趣而读书，或把读书当成生活的调剂品，那么请把手机放在其他地方，把电视撤掉，在沙发对面摆上一个书柜。在物理意义上，这个问题可以被轻松解决。如果你是抱着一定目的而读书，如为了满足职业需要或为了寻找写作素材，那么你可以离开家，换一个更有读书氛围的环境。毕竟，家是个相当诱人的"安乐窝"，家里有电视机、游戏机、沙发、床，想在这样的环境里专心读书，确实很难。

这就是"离家出走式"读书。你可以去书店、咖啡馆、自习室、图书馆等。

去咖啡馆读书

咖啡馆的氛围可以让人精神放松，但同时它又是公共场所，虽然没有人监督你，你也不能像在家里一样随心所欲。如果周围有人在看书、工作，这种行为也会影响到你，形成正反馈，让你更加专注。英国哥伦比亚大学的研究还发现，适度的嘈杂声会让人更有创造力。因此，咖啡馆是专心阅读的极佳场所。

我的一个好朋友经常带着她的孩子出门读书。在出门前，她会把孩子喜欢的书和作业放进小书包，把平板电脑和自己要看的书装进大书包。她一般会去咖啡馆，在那里，他们既能吃到甜点，也不会受到太多干扰，通常一待就是小半天儿。在这段时间里，她会专心读书或处理工作，孩子则在一边看书或做作业。尽管外出会增加甜品开销，但这种成本与读书的收获相比，不值一提。

一个人外出更理想。你可以去一家咖啡馆，找一个自己喜欢的位置，安心读书，累了就喝一杯咖啡。这样的悠闲时光或许会让你上瘾：书的享受，再加上食的享受，会让你越来越喜欢"离家出走式"读书。

去自习室读书

我个人特别偏爱自习室,经常带上电脑和几本好书,去我家附近的自习室看书,经常一待就是 10 个小时。城市里的自习室很多,我们可以在一些点评类 App 上搜索相关信息。当然,你还需要提前询问一下能否带电脑,因为有些自习室禁止带电脑,以免影响别人。自习室一般有单次计费和按小时计费两种计费方式。你可以买组合卡,如果待的时间短,就用小时卡,如果待的时间长,就用单次卡。

本书几乎就是我在自习室里创作完成的。自习室有白噪声环境,也有学习的氛围,当你环顾四周,看到别人都在认真读书、学习时,你也会被感染。

去图书馆读书

我有很多朋友喜欢泡图书馆,尤其是那些正在写书或写论文的朋友。因为除了纸质书,图书馆还提供丰富的数字文献和资料。有个朋友为了看书方便,特意把房子换到图书馆附近,他还开玩笑说,他拥有朋友圈里最大的书房。确实,哪怕是规模很小的市图书馆、区图书馆,馆藏量也比个人藏书量大。图书馆有定期更新的报纸杂志,能让你在接触更多知识和信息的同时,节省一笔开销。

图书馆通常比较安静,对于沉浸式阅读很有帮助。你可以想象一下你的周末时光：早晨，背上笔记本电脑，按照平时上班的时间出门，在家附近吃早餐，然后去图书馆，在满是书香的空间里开始一天的工作或学习；中午，在图书馆附近吃午餐；下午，继续读书或工作；晚上，约朋友见面或者去看电影、购物。这样的一天岂不惬意？

去书店读书

　　小时候，我妈妈只要带我去县城逛街，就把我放在书店里。我渐渐发现，总有人在书店里看书，或倚墙站立，或席地而坐。他们专注的样子，让我很是佩服。后来，我也喜欢上了在书店里看书。不过，我一般会选择大一些的书店，因为小书店的老板总是会催促我掏腰包。如果我遇到了喜欢的书，又不能在书店里看完，那就只能买下来。

　　那时候，书店比较朴素，书都是简单地平铺或码在书架上。现在的书店气派又雅致，拥有不同的主题分区，还有一些展示位，可以放置文创产品和供翻阅的样书。有些书店还会划分出喝咖啡的空间。最重要的是，顾客永远不用担心被老板催促购买。一些书店还经常组织一些读书分享活动，读者可以免费旁听，甚至有机会见到心仪已久的作者、大咖、名人，如果能得到一本他们的签名书，更是意外之喜。

　　在喜欢的书店之间游走，触碰一本本好书，把这种"千里来相会"的喜悦感代入读书过程中,你会越来越爱在书海中遨游的感觉。

如果你自认为意志薄弱,还没有养成读书习惯,就可以试试"离家出走式"读书。"愉快的读书生活＝求知欲望＋环境设定",如果你哪天下班后没别的安排,可以顺道去书店逛逛,说不定就能遇到一本你想读的书。

让大脑和读书形成正向刺激，读书不再犯困

你手里端着一本书，目光随着一行行字移动，读过的每一个字都认识，但读完后就像没读过一样，于是你倒回去重读。渐渐地，你的眼皮开始打架，思维运转也逐渐慢下来，虽然你不断强打精神，但每过一会儿，困意就会再次来袭……这是不是你现在的读书状态？

是什么导致你读书时容易犯困呢？

从心理学的角度来说，这是由过去积累的条件反射导致的。比如，你常常在大脑疲劳时读书，或者在劳累一整天后睡前读书。虽然你很想多看一会儿，但每每招架不住疲劳感，不知不觉就倒头睡去。渐渐地，睡眠和读书之间建立了某种联系。这么说来，睡意并不是由读书引起的，只是你人为地在两者之间建立了刺激反应。这是心理学对读书犯困现象的解释。

认知科学也表明，在阅读时，我们获取的信息和书籍呈现的信息之间，存在转换效率问题。如果你正在读的书与你的理解能力差距较大，那么你转换信息的压力就很大，而且随着你无法理解的信

息越来越多,这种压力也会越来越大,最后大脑只能以"罢工"收场。

这也是为什么我建议一些读者不要从大部头作品入手。在你感兴趣的领域里,有不少精彩的"平替"类书籍。

比如,如前所述,我们可以将日本下地宽也的《逻辑思维只要五步》视为《金字塔原理》的"平替",如果你想提升逻辑思维和表达能力,就可以选择这本书。它不仅提到了《金字塔原理》中的演绎推理、归纳推理、MECE 原则(Mutually Exclusive Collectively Exhaustive,中文意思是"相互独立,完全穷尽"),还运用了大量的图文漫画,形式生动、内容丰富,有助于你更好地理解《金字塔原理》。

"转换效率"是一个非常有用的视角,当你在遇到值得读但很难读的书时,不妨以提升转换效率为目的,寻找"平替"。

另外,在没有发现一本书的精髓或吸引力所在之前,一个人很容易产生倦怠。那么,除了寻找"平替",还有什么办法能克服我们的倦怠呢?

给爱书排名,激发你看书的动力

我和朋友讨论阅读时,经常会出现"在我今年读过的书里,这本书能排进前三名,是当之无愧的杰作"或"在我读过的书里,这是最让我提神醒脑的一本"之类的说法。我们会有意无意地对读过的书进行排名。这会刺激我们不断地找新书来看，以确认这个排名。

如果你很喜欢读小说，那么在你读过的以"独断与偏见"为主题的小说中，排前三的是哪几本？排名前十的是哪几本？

在你读过的育儿类或经济类图书中，你觉得最好的三本是哪三本？

当你把自己喜欢的书放回书架上时，尽量不要书脊朝外，而是要封面朝外，这种微小的调整，也能激起你的阅读冲动。

搜索作者的故事，把读书变为"读人"，这样会更有意思

很多时候，你之所以读书容易犯困，是因为你仅仅把注意力放在文字上，这样获得的知识不够立体和丰富。这时候，你不妨暂时脱离书籍本身，试着了解一下作者，看看他是一个怎样的人。

以汪曾祺的《家人闲坐，灯火可亲》为例。书中有这样一段文字，你只要聚精会神，发挥想象力，就能构想出作者所描绘的画面：

湖通常是平静的，透明的。这样一片大水，浩浩渺渺（湖上常常没有一只船），让人觉得有些荒凉，有些寂寞，有些神秘。

黄昏了。湖上的蓝天渐渐变成浅黄，橘黄，又渐渐变成紫色，很深很浓的紫色。这种紫色使人深深感动。我永远忘不了这样的紫色的长天。

闻到一阵阵炊烟的香味，停泊在御码头一带的船上正在烧饭。一个女人高亮而悠长的声音："二丫头……回来吃晚饭来……"

但是，如果你了解作者的生平，就能更好地理解其文学风格。

有人说，汪曾祺的文章就像一碗煮到刚刚好的白粥，小火慢炖，大味至淡。有人说他是现代的陶渊明，但1920年出生的他，看过乱世，经过纷争。而他之所以能写出乱世之中"慢"和"淡"的生活，跟他的成长经历有关。

他的祖父是前清秀才，他自幼便在祖父的指导下学习《论语》。他们家有良田2000多亩，药店两家，房屋上千间，是非常富有的大家族。汪曾祺的父亲当过运动员，会画画、刻章、几十种乐器，可以说是个全才。此外，其父还喜欢养蟋蟀，养金铃子。汪曾祺的父亲性格随和，很少发脾气，尤其是喜欢孩子，他很关心孩子的学业，但在这方面并不强求。汪曾祺在17岁那年写情书，被他父亲发现了，他父亲不但不责骂他，还在一旁出主意。在1938年左右的中国，这样的家庭并不常见，他们的父子关系就像兄弟一样，而汪曾祺也写过一篇文章，名字就叫《多年父子成兄弟》。

熟悉他的故事后，你脑海里是不是会浮现出一幅幅生动的画面？

这时候，你再回到《家人闲坐，灯火可亲》这本书，看看他笔下的人间草木、四方食事、天涯游子、故人往事，是不是觉得更有意思了？

在很多视频平台上，你都能找到关于作者生平的介绍。如果看书有些困倦，你就去搜搜这样的视频吧，它们会为你带来不少乐趣。

用听书的方式舒缓阅读疲劳

市面上有很多听书软件，如得到、有书、十点读书、简知、融创、樊登读书、一书一课、千聊、荔枝微课等，你可以通过这些听书软件来了解书的内容，还可以边听书边休息，把听书当成补充能量的过程。

上下班路上、做家务时或者方便的时候，你都可以打开听书软件。听书软件一般都能调节语速和进度，你可以找到自己舒服的收听模式。听书可以缓解疲劳，不仅不会让你的阅读走入歧途，还能让你收获满满，为你的生活增添更多趣味。

这类音频一般极富表现力，加上口语化的表达，能极大地降低理解难度。充分利用碎片时间来学习，这是一种奇妙的体验。慢慢地，你会把听书变成一种习惯。

去自习室读书

很多城市都有供人学习、阅读的公共自习室，一般使用一天需要付 10～50 元，有的还可以办卡，成为会员。一般来说，自习室非常安静，里面有复习功课的学生，有备考的上班族……每个人都有一个独立的小空间。哪怕你已经进入职场多年，你也会被其校园式的学习氛围感染，弥补遗憾也好，重回青春也罢，那种气氛会让你认认真真把手头的书读完。

每天到自习室打卡成了我的一项特别的仪式，不仅提高了我的写作效率，还能让我享受这个过程。

每当想到读者阅读我这本书的场景时，我都无比欣喜。

希望正在读这本书的你，能试试以上方法，同时把你珍藏的一些书拿出来，去读、去听、去享受读书带来的特别体验！

每次阅读设定一个目标，
读书不再分心

很多人读书时会分心：刚看几分钟就开始走神，不是被手机上弹出的消息吸引，就是思路不知何故飘向远方，久久收不回来。

你是不是很羡慕那些能静下心来学习的人，好奇他们是怎么做到的？下面我们就来讨论一下这个问题。

坦白说，我并不是一个易于保持专注的人，很难一次性看书几个小时。我属于心血来潮型读者。一旦我对某个主题产生兴趣，我就会连续阅读一二十本相关书籍。但如果严格按照计划来读书，我每次只能持续15分钟左右。短短15分钟，能有什么收获呢？这点时间真的够用吗？

或许你会觉得不可思议，但我想说，这点时间足够了。

虽然单次阅读持续时间很短，但我每天读书的频次很高，在等人、等车、等电梯的任何时刻，我都可以读书。阅读时间短了，反而会让目标更聚焦，更易于精准捕获信息。我们之所以分心，很大一部分原因是我们想要的太多了：既想熟悉书的整体框架，又想记住一些亮点，甚至还在考虑要不要推荐给朋友……这么多阅读目标放在大脑中,你怎么可能专心呢?

如果你还不明白这个道理,我们可以做一个小测试。

假设你很喜欢一本故事书,你希望自己阅读15分钟后,能达到什么水平?

A. 能说出故事梗概

B. 能说出故事传达的精神

C. 感觉还不错,没浪费时间

如果你只是把读书当成兴趣,那么选项C更符合你的要求。不过,选择A或B的也大有人在,甚至很多人同时选了A和B。如果你抱着提升某项技能的目的而读书,那么你期待的东西会更多。

假设你面前放着一本技能类图书,你希望自己阅读15分钟后,能达到什么水平?

A. 记住书中的方法,下次能用上

B. 从中悟出更多的方法

C. 感觉还不错,没浪费时间

这时候,你还会选择C吗?一般来讲,你会更关注选项A和B。越是面对干货类图书,你对实用性的期待就越高。但事实上,你现在的阅读能力可能还无法满足你的期待。

在这种情况下，你并不是越读越兴奋，而是明明很喜欢这本书，但就是读不进去。设定的目标太多，会致使大脑负荷太重，只想"罢工"。

你可以回想一下，最近在读某本书时是否总是走神？你对这本书的最初期待是什么？试着在下面空白处写出你的答案。

期待1：

期待2：

期待3：

填写完相关内容后你会发现，造成大脑疲劳的原因正是期待太多。因此，解决分心问题的简单方法就是：每次读书时只设定一个目标。

具体应该怎样设定目标呢？下面我介绍三种方法。

每次读书时，带着一个问题阅读

越是面对第一眼就让人兴奋的书，我们越是要克制自己，不要妄图一次性解决很多问题。

比如，我在阅读《番茄工作法》时特别想知道，为什么20多年过去了，番茄工作法依然奏效？为什么有时候番茄工作法不好用？

如果能快速找到这些问题的答案，我就能以此为主题写一篇讲书稿，让大家更好地使用番茄工作法。

由于设置了太多阅读目标，虽然我只用了 8 个小时就把书看完了，但记住的内容并不多。我只记得"番茄工作法 =25+5"，至于操作细节，我完全没印象，必须重新翻书或查找笔记。

要想提高阅读时的投入产出比，我们应该怎么做呢？

答案是：缩减目标，每次读书时，只试图解答一个问题。比如，为了解答"为什么 20 多年过去了，番茄工作法依然奏效"这个问题，我们可以仔细查看目录、小标题、黑体字部分等。只要与此问题无关的内容，我们都可以快速略过。

如此反复，我们就能逐渐解决很多问题。这能大大提高阅读效率。

这种阅读法的用时与之前相当，但我们记住的内容会更多。

不过，有时候由于完全不了解书籍的内容，我们不一定能提出问题，设定阅读目标，更不要说缩减目标了。

每次读书前，设定一个应用范围

如果你不了解某本书的内容，提不出具体的问题，那么你至少应该想想，这些知识能应用在什么地方，如职场上、家庭中还是用于自我提升。

举个例子，我在读《穿透式学习》之前，并不了解其讲述逻辑，只是模糊地知道，书里肯定讲了一些学习方法。这些方法或许会让我浮想联翩：这种方法可供我自己使用，那种方法可供孩子学习使用，还有一些方法可以推荐给别人。思虑太多容易让我走神，造成读书效率下降。这时候，我需要将这些用途进行排序（如先是"对自己有用"，然后是"对孩子有用"，再是"对他人有用"），每阅读一遍，都只基于一种立场来梳理内容。

除此以外，还有什么方式，能帮助我们缩减阅读目标呢？

每次读书前，想好一种拆解思路

我们可以试着拆解作者的行文思路、解决问题的逻辑或习惯等，这种方法有助于我们加深理解。比如，我们可以想想"书中的框架结构是否可供写作时参考""书中的行文逻辑是否可供解决问题时参考"。不过，我们最好基于一种拆解思路来梳理内容，否则就容易出现问题。拆解图书本来是一件好事儿，但如果目标太多，就容易心累，从而使心思转到手机短视频或其他娱乐项目上。

如果你只想学习作者的写作技巧，那就看看作者是怎样搭建框架结构的，怎样设置案例的，至于论证是否严谨、论据是否充分，就都不是本次阅读的目标。

以上三种方法能帮你有效地解决读书分心问题。

我们在读书之前，可以把自己的阅读目标写下来，然后确定一个目标，每阅读一遍，都带着唯一的目标出发。这不仅有助于我们提升专注力，还会让我们对读过的内容记得更牢。

常见的阅读目标有以下几种：

·增加知识

·提升工作经验和技巧

·获得写作思路

·获得写作素材

·……

也欢迎你来补充你的阅读目标。

技能篇：那些年你不能错过的读书方法：

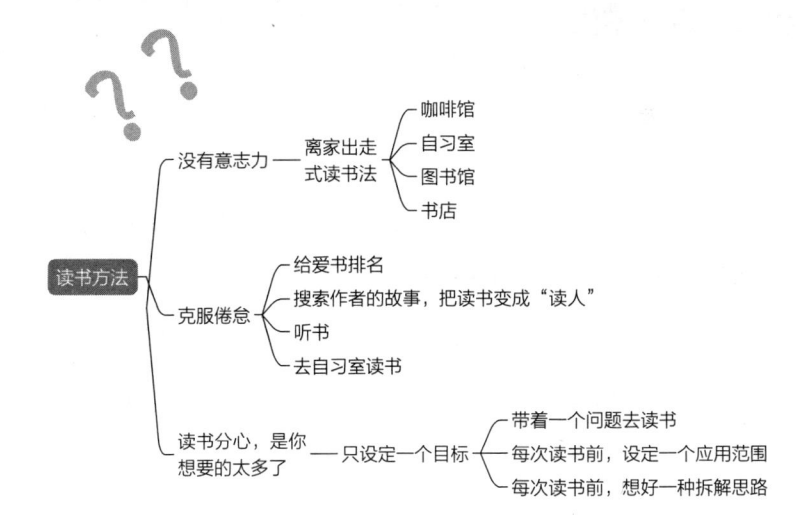

读书方法
- 没有意志力 —— 离家出走式读书法
  - 咖啡馆
  - 自习室
  - 图书馆
  - 书店
- 克服倦怠
  - 给爱书排名
  - 搜索作者的故事，把读书变成"读人"
  - 听书
  - 去自习室读书
- 读书分心，是你想要的太多了 —— 只设定一个目标
  - 带着一个问题去读书
  - 每次读书前，设定一个应用范围
  - 每次读书前，想好一种拆解思路

让你读了就记得住的读书法

很多人都有这样的烦恼：听别人讲书时感觉很有收获，但事后完全记不住；对某个知识点有印象，但想拿起书确认时，又想不起是从哪本书读来的；即便做了笔记，隔一段时间再拿起来看，也完全没印象……这是为什么？是因为记忆力衰退，还是读书的遍数太少呢？

为什么总是记不住

读过的内容总是记不住，我认为有以下两个方面的原因。

一是信息过载。

大家不妨想一下这个问题：读完一本书后，你是愿意将内容分享给大家，还是仅仅自行消化？

我问过很多人这个问题，大家普遍回答说"自行消化"，还有人反问我："书不就是给自己看的吗？"其实，这正是我们读完记不住的原因之一。

如果仅仅是"为自己而读书"，那么我们可能不会有太明确的目的，或者完全从自己的偏好出发，但凡觉得新鲜的、有趣的、实用的内容，我们就想记下来，这无疑会降低大脑的信息转换效率。

相反，当你想把书中的内容分享给别人时，你就不会眉毛胡子一把抓，而是会带着问题去阅读——"哪些内容适合别人"。而且，为了让别人听懂，你会尽量理解别人的痛点，思考书中的内容会带给他们什么启发和帮助。带着这样的思考去读书，更能有的放矢，强化记忆。

二是吸收困难。

有些人对书中内容的理解只停留在文字层面。

当书中的一些句子让你有所触动时，你或许会随手记下来，或者画个横线标出来。但做到这一步并不够。

比如，当你在《非暴力沟通》一书中读到"也许我们并不认为自己的谈话方式是'暴力'的，但我们的语言确实常常引发自己和他人的痛苦"一句时，仅仅做标记是不够的，你还需要深入理解这句话。"我是否这样做过""我是否曾给别人带来痛苦""别人是否曾经因此让我感到痛苦"之类的思考，能让你的理解更有深度。成年人仅仅靠多次阅读、大声背诵等方式是记不住东西的，更好的方式是理解式记忆。

以上两点就是我们读完书记不住的主要原因。那么，我们该如何破解呢？

主动加深思考，吸收书中内容

当你在《非暴力沟通》一书中读到"要区分沟通场景下的'观察'和'评论'"一句时，你就要主动思考："什么是'观察'，什么是'评论'？"书中给出了一些可作为参考的词语，如"总是""从来""从不"等。这些词语出现时，就表明作者是在就某事发表评论。你可以用这些词语来审视一些生活场景。比如，你下班回家，一进门就发现老公的臭袜子扔在地上，他正光着膀子吃泡面，还边吃边看球赛。你可能会生气："你总是这样，跟你说了多少次了？！"

你可以冷静想一下，即便你老公十次中有八次是这样，你也不能用"总是"这个词，因为这不符合你观察到的事实，只是你的主观评断。这就是对"评论"一词的深入思考。

类似的方法还有很多，你可以结合自己所读的书，灵活选择适用的方法。当你理解书的内容后，记忆会更牢固。下面我分享一下，面对不同的内容，我们应该如何深入思考。

方法类内容

对于方法类内容，我们应该多想想它们能够用在什么地方，是育儿方面，还是工作方面等，以及分别应该怎么用。

以"也许我们并不认为自己的谈话方式是'暴力'的，但我们的语言确实常常引发自己和他人的痛苦"这句话为例。

在育儿方面，你跟孩子说过哪些让他感到痛苦的话？你当时是故意的还是无心的？虽然是无心之语，但仍然让他感到痛苦？以后再遇到类似的事情，你会怎么说呢？

在工作方面，他人是否对你说过让你感到痛苦的话？他说了什么，是在什么场合说的？你当时感受如何，做出了哪些回应？下次再遇到类似的事情，你将怎样应对？

观点类内容

对于观点类内容，我们应该想想，是否在其他地方见过类似的句子？是否可以改写这样的句子？是否可以把它们发布在自己的社交媒体账号上？例如，《你有多自律，就有多自由》一书提出："成功者与止步不前的人最大区别就在于，前者从不把时间浪费在考虑外在因素的干扰上，只是一门心思地攀登和挑战，而后者总是眼高手低，一边不努力一边可劲儿焦虑，最后还把这种焦虑归结在怀才不遇上，一心认定自己是千里马，还没遇到开发自己潜力的伯乐。"

你可以想一下，是否有人说过类似的话？《认知觉醒》一书中就有类似的句子："急于求成，想同时做很多事；避难趋易，想不怎么努力就立即看见效果。这才是焦虑真正的根源！"

这两句话是不是有异曲同工之妙？你是否因为这种关联而对这两句话有了更深的理解？

读的书越多，你就越能从不同的书中发现观点相近的句子，并把它们关联在一起。

通过吸收上述观点，我对焦虑有了自己的理解，那就是"总想投入很少的努力，又想快速见到结果"。

接下来，我会把自己的总结发布在微信朋友圈、头条号、百家号、小红书等平台，作为将来的写作素材。

故事类内容

故事、随笔、人物传记等文学类书籍，会让我们想起自己生活中的哪些事？这些事带给了我们什么启发和感受？

当你读到汪曾祺的《家人闲坐，灯火可亲》中的文字时，你能联想到自己生命中的哪些故事呢？这些故事里有哪些难忘的人、事、情，它们又为何难忘？你现在回忆起那些事时，又有怎样的感受？

比如，你读完《你当像鸟飞往你的山》中的故事后，会产生什么想法？你有没有想过，主人公为什么能取得最后的成绩？是什么力量促使她前行？这本书给了你哪些启发？人物的什么精神打动了你？书中有哪些细节让你难忘？

以上是一些深入理解书籍内容的方法。当然，与此同时，我们也要动态地调整自己的阅读目的。

调整阅读目的，多思考可以分享给谁

我在前面说过，如果你读书时没有设想过将内容分享给别人，就很容易"眉毛胡子一把抓"，到头来什么都记不住。如果你始终想着"我可以把这本书分享给谁"或"我可以把读到的内容分享给谁",你就会对内容有所取舍。

比如,妻子本来买好了蛋糕和鲜花,准备回家跟刚升职的老公庆祝一下,结果推开门看见了零乱的房间和邋遢的老公,于是脱口而出"你总是这样"。可想而知,一句抱怨很快会演变成一场争吵。

如果上述情况发生在你朋友身上,她事后向你倾诉,后悔自己说了那句话,引起了夫妻矛盾,你就可以运用《非暴力沟通》中的方法帮她分析:说话时要分清"观察"和"评论"。你可以跟她分享一下:再遇到类似的场景,要描述自己的"观察",而不要武断地做出"评论",这样就不会吵起来。比如,不要用"总是"这样的词,而是说"这是你一周内第三次乱丢袜子了"。

每本书中都有很多值得分享的内容,而你的每一次分享都能让自己更好地理解它们。如果你设定的目标是将书中的内容分享给别人,那么你会主动思考,这些内容是否真的对别人有启发、有帮助,是否能帮他们解决哪怕很小的问题。

如果你不知道该把书中的内容分享给谁,那就参加一些读书会吧。在读书会里,你会遇见很多热爱读书也喜欢分享的朋友,你可以和他们讨论书的内容。尤其是很多人共读一本书时,你们之间会碰撞出思想的火花,你会不断收获新的知识,对书的理解越来越深刻。最后,你现在读的这本书带给你的惊喜会越来越多。现在就试试看吧!

阅读游戏模型，沉浸在阅读的快乐中

有人说："我以前读书很随意，平均每月只读一两本甚至更少，没有太多积累。我虽然也知道阅读很重要，但没有养成阅读习惯。现在每年读 50 本书的话，会觉得很累。有没有什么办法能让读书更轻松一些？"

其实，读书可以像玩游戏一样，让你停不下来。接下来，我就分享一个阅读游戏模型，让你体会一下阅读的快乐。

你平时喜欢玩什么游戏呢？你是否想过，游戏为什么会让我们欲罢不能？游戏有以下四个特点：

第一，有目标。游戏通常会在终点设置一项特别有诱惑力的奖励。

第二，讲规则。游戏过程中有关卡、回合，有闯关机制，也有一些限制。

第三，有反馈。你每闯过一关，就会得到一些反馈，比如升级、积累、奖励等。

第四，体验好。你可以独自一人玩，也可以组团闯关，游戏中还有很多配套道具和辅助设施，能让你玩得尽兴。

我们能不能把这四个特点应用到读书上？根据这四个特点，我们可以分别提出四个问题：

目标：你的阅读目标是什么？
规则：如何设计阅读规则，好让自己越读越想读？
反馈：在读书过程中获得怎样的反馈，会使你更有阅读动力呢？
体验：你希望拥有怎样的阅读体验？

你可以预想一下自己的答案。

目标：围绕你当前最大的烦恼来确定阅读目标

你的阅读目标是什么？通过阅读前文，你可能已经意识到，读书不应该追求数量，而应该追求效果。就算是打游戏，也不可能因为达成了一定的时长或玩够了多少局而让你自动通关，还是要看你的游戏水平。如何读书才能更有收获呢？要围绕你当前最大的烦恼来确定阅读目标。

你当前最大的烦恼是什么？假设你是上班族，现在正在发愁如何提高绩效，获得高薪，成为部门顶梁柱。或者你对现在的工作不感兴趣，想探索新的职业方向，但又不知道如何进行职业定位。这些就是你当前最大的烦恼。也许你的职业发展非常好，你现在更关注业余爱好，在这种情况下，你同样有烦恼。比如，你既想学摄影，也想学烘焙，还想学写作，如何进行时间管理就成了最大的问题。总之，你当前最担心什么，就把它设定为阅读目标。

你可能会说："让我发愁的事情太多了，我是全职宝妈，一直为孩子的习惯问题、情绪问题、健康问题而担心。"这时候，你应该想一下，哪个问题更紧急——一旦解决这个问题，其他问题就会迎刃而解——这样就能排出优先顺序。

确定目标后，我们就可以围绕这一目标去选书。

规则：设计有趣的阅读闯关玩法

接下来是制定规则。

我们玩游戏的时候，每通过一关后，都意犹未尽，还想挑战下一关。这是为什么呢？因为连续闯关会获得更大的奖励，也能解锁新的游戏关卡，于是，我们非常期待继续往前闯。我们读书时也可以设计这样的闯关玩法。

如果让你设计一个关于读书的闯关游戏，你会怎样做？你是按章节还是按页数设置关卡？这种设计可能无法激发我们的读书动力，是否还有别的闯关玩法呢？可以设置一些任务和与之对应的奖励：

关卡1：读完一本书或一个章节，写一篇读书笔记，30篇笔记兑换一顿美食。

关卡2：读完一本书或一个章节，写一篇书评，4篇书评兑换一个自己想买又舍不得买的东西。

关卡3：读完一本书或一个章节，录一个讲解视频，视频播放量过万，就买一个提词器。

当奖励是你心仪已久的东西时，读书的动力就会由此产生。你可以想一下，你想要的奖励有哪些，你又期待自己有哪些行动？可以试着写下你的闯关玩法和对应的奖励。

当然，有奖励也要有惩罚，你要给自己设置一些阅读规则，避免心态过于松懈，比如：

每天起床后和睡觉前，都大声喊出或抄写三遍"我今天要读书"。

坚持写读书日记，即使只是记录书名和页数。

严格遵守早晨读书的习惯，时长不限，多多益善。

严格遵守睡前阅读习惯，时长不限，但最好不超过11点半。

严格遵守在碎片时间读书的习惯，比如上下班路上、等人、等车时。

如何有效阅读一本书

你可以为自己制定一套比较严格的规则，来约束自己、鞭策自己。

反馈：给自己一个通关奖励

第三步就是设置反馈机制。我们玩游戏的时候，每通过一关，就会被告知当前的级别、得分以及离终极目标还有多远。受此刺激后，我们就想继续闯关，接受更高的挑战，而且乐此不疲。

培养好的阅读习惯，更需要持续得到反馈。我们应该如何设置反馈机制呢？总不能像某些手机游戏一样，每通过一关，就给予3星奖励，然后再用一个复杂的统计图进行展示吧。这太麻烦了，而且完全不符合我们的学习习惯。

我认为，一种比较简单的方法是：读完某个章节后，你可以把一些知识点和金句都记录下来，看看能联想到什么，有哪些感受。你可以把某些句子和你的相关感想发布到微信朋友圈或其他社交媒体账号上。

你可以试着填写下面两处空白：

· 让你印象深刻的内容：

· 阅读感受：

你的分享会让你获得一些点赞，这就是一种反馈。除了写下印象深刻的内容和感受，你还可以写读书笔记、书评，或者录荐书视频。别人的阅读、播放、点赞，都是反馈。无论阅读量、播放量、点赞数如何，都会为你注入读书动力。

体验：用请人代打的方式帮助理解

第四步是提升阅读体验。

我们都希望读书是一个非常惬意的过程，但总有一些书很难读，就像玩游戏一样，有些关卡总也过不去。遇到这种情况，我们应该怎么办呢？

《游戏力》一书讲到一种方法叫"请人代打"，也就是请别人帮你打通某一关。在阅读领域，我们也可以"请人代打"。其实，我后面提到的"绕道读书法"就是"请人代打"。每个人都有不熟悉的领域和看不懂的书，面对这些书，我们可以先搜索一下别人的读后感，再来看原书，这样效果会更好。就好比一部悬疑电影，因为反转太多，你不一定看得懂，只有先看一遍解说，才能大概了解其情节，之后再去看原片，你才能捕捉到那些容易被忽略的细节。

我们通常可以借鉴的内容有豆瓣网上的书摘和书评，微信读书App上的笔记和评论，以及搜狗微信搜索里的文章等。

我写读书稿时，为了把一本书讲透，通常会去搜索相关内容。我经常会用到搜狗微信搜索，这里大量的书评和笔记能带给我不少灵感。我从这里获得的信息，甚至比翻看好几遍书获得的信息还要多。因为这些书评和笔记融入了作者独特的成长经历、工作经验，从他们的文字中你会发现，原来有些书还可以这样理解，原来书中的方法有这么多种应用的途径。消化理解这些信息后，我相信，二次输出的读书稿会更有深度。

以上四步就是阅读游戏模型的全部内容，希望这个模型能帮你在一种放松、开心的状态下养成阅读习惯。当你哪天没读书，就感觉缺了点什么时，你的阅读习惯就养成了。

技能篇：那些年你不能错过的读书方法：

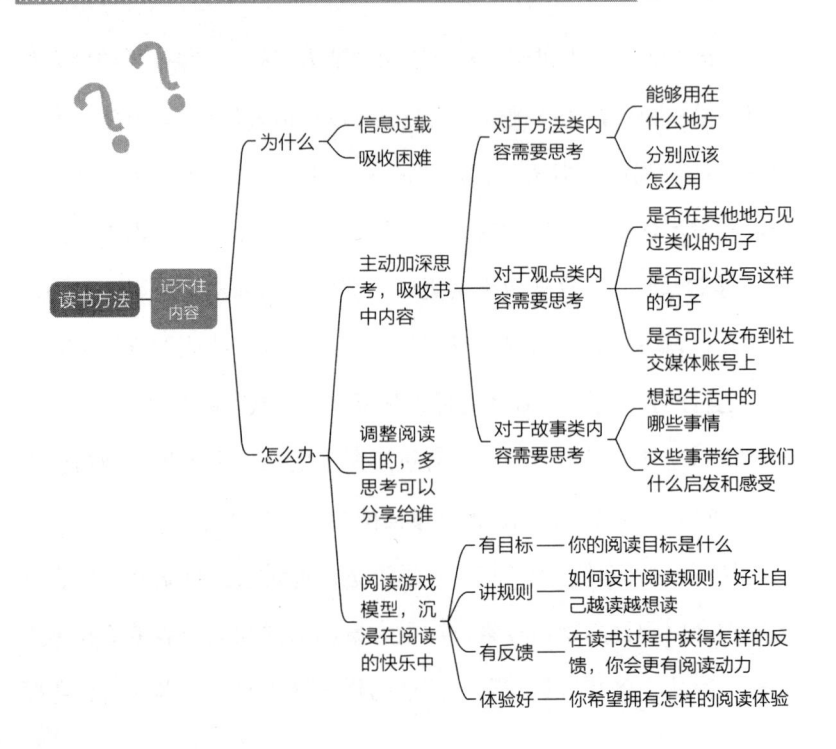

读书方法
- 记不住内容
  - 为什么
    - 信息过载
    - 吸收困难
  - 怎么办
    - 主动加深思考，吸收书中内容
      - 对于方法类内容需要思考
        - 能够用在什么地方
        - 分别应该怎么用
      - 对于观点类内容需要思考
        - 是否在其他地方见过类似的句子
        - 是否可以改写这样的句子
        - 是否可以发布到社交媒体账号上
      - 对于故事类内容需要思考
        - 想起生活中的哪些事情
        - 这些事带给了我们什么启发和感受
    - 调整阅读目的，多思考可以分享给谁
    - 阅读游戏模型，沉浸在阅读的快乐中
      - 有目标 —— 你的阅读目标是什么
      - 讲规则 —— 如何设计阅读规则，好让自己越读越想读
      - 有反馈 —— 在读书过程中获得怎样的反馈，你会更有阅读动力
      - 体验好 —— 你希望拥有怎样的阅读体验

第 2 章　三大方法，扫除阅读障碍

技能篇：那些年你不能错过的读书方法：

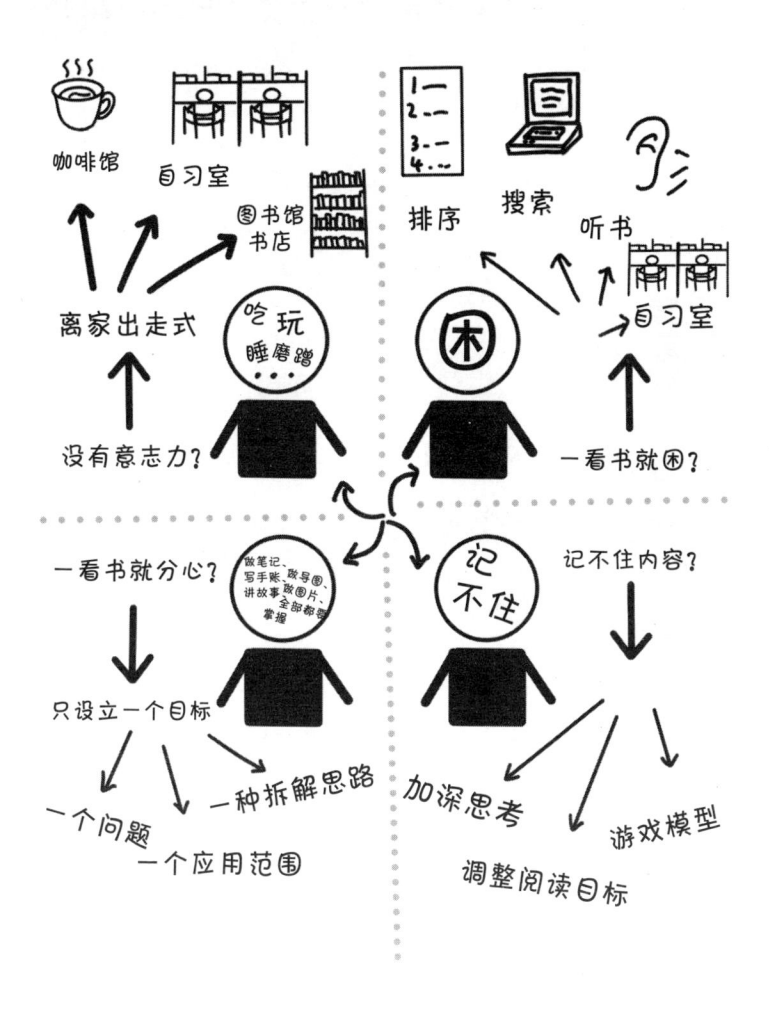

咖啡馆　自习室　图书馆 书店

离家出走式

没有意志力？

吃玩睡磨蹭

排序　搜索　听书

自习室

困

一看书就困？

一看书就分心？

做笔记、写手账、画导图、讲故事、取图片、全部都要掌握

只设立一个目标

一个问题　一种拆解思路
一个应用范围

记不住

记不住内容？

加深思考　游戏模型

调整阅读目标

063

第 3 章

选书有妙招,轻松提升阅读力

每次买书时，你是不是会纠结很长时间？担心仅凭自己的喜好买来的书质量不好，担心别人推荐的书不适合自己？

除此以外，你可能还想知道：

- 一次买几本书合适
- 优先买哪种类型的书
- 带着目的选书，遇到不合适的书怎么办
- 基于兴趣选书，怎样判断书的质量

如果你也有这些问题，请一定要看下去，下面我将提供实用的选购指南。

选书的数量与类型

很多人看到别人阅读量惊人，就有囤书的冲动，经常在优惠活动期间一口气买几十本，结果因为太忙，大部分书被束之高阁。每次看到那么多书尚未读完，他们就既焦虑又失落，"我不擅长读书，不是读书的料"的想法会再次冒出来。

其实，我们每次买3~4本即可，这个量既能享受电商平台的包邮优惠，又能在1~2个月内看完，不至于耗时太久，打击积极性。

至于选择什么类型的书，可以参考我接下来要讲的"四象限书单法"和"T型书单法"。我这里要补充的是，一定要结合自己的阅读基础、阅读习惯、阅读目标来选，不要盲目追风。别人都在读的书，未必是你当前应该读的。

你可以参考各种电商平台上的"新书热卖榜""热搜榜""畅销榜"。如果其中有适合你的书，你就可以在优惠活动期间买回来。如果书目不适合你，即便销量再高、评价再好，你也不必入手。

如何判断一本书的质量好坏

判断书籍好坏的方法特别多,下面我来介绍几种。

查看电商平台上的图书信息

查看图书信息时,首先要看作者简介。以《沟通的方法》为例。通过阅读作者介绍,我们知道,脱不花是一个极其擅长沟通的人,她通过沟通技巧,得到了贵人相助、能者帮忙、看客祝福。这本书的作者有实战经验,因此,我们可以放心选择这本书。

再比如《不用督促的学习》,我们既不认识作者,也没听过相关信息,因此,很有必要了解其经历。从苏晓航的简介(见图3.1)中我们发现,她是资深从业者,而且有培训经验,所以,这本书的质量肯定还不错。

阅读书籍目录和正文试读部分

一般情况下,如果一本书的每一章都聚焦于不同的主题,那么其下各小节之间都应有逻辑关系。如果各小节之间毫无关系,那么这本书的结构大概率很松散,除非它是一本短篇故事书。

> 正面管教创始人简·尼尔森亲自带领导师班12名学员之一
>
> 为清华附小等23所小学培训了园丁课堂，服务了60000多名家长、30000多名孩子和2000多名在校教师。
>
> 广东省妇联家庭教育指导专家库专家讲师，在格力、摩天宇、伟创力、炬力等知名企业、机构及社区开设多场正面管教讲座。

图3.1 《不用督促的学习》的介绍信息

对概括能力不强的人来说，最好选择逻辑清晰、结构紧凑的书。

如果通过阅读目录仍然无法确定一本书的逻辑是否清晰，我们还可以在微信读书等App上搜一下试读章节。

搜索和分析作者以往的作品

比如，读完《高效能人士的七个习惯》之后，你可以再搜一下作者还出过哪些书。

一般而言，出过系列图书的作者，知识底蕴一般比较深厚，对一些事情的理解比较深刻，其作品价值通常比较高。

查看出版社和图书品牌

有很多出版社、图书公司策划出版了很多高质量的图书，如人民文学、中信出版社等。因此,你在选书时可以关注一下出版社和图书品牌,也可以把已购图书按出版社或图书品牌分类,看看自己更偏向于哪家出版社或图书品牌的书。

  总之,在电商平台上选书时,不必太在意别人的评论——这些评论肯定带有主观色彩,你要有自己的判断。只有这样,你买书才不至于后悔。

万一买的书跟预期不符怎么办

如果你发现自己买的书不符合预期，应该怎么办？不必担心，绝大部分电商平台都有退货政策，你可以在平台上了解退货标准，也可以打电话咨询客服。有一点要注意，退货时一定要确保图书无折页、无破损、无划痕，不影响二次销售。退书并不是为了贪图便宜，而是无奈之举。

基础选书法：
在电商平台上买书的方法

在电商平台上选书时，通常会遭遇很多干扰信息，如销量靠前的书、目前主推的书、有促销活动的书，会率先进入你的视野。此时，要想保持清醒的头脑，你需要学会以下几种方法。

从问题出发找书

如果你苦于不知道如何处理孩子的情绪问题，就可以在搜索框输入"孩子发脾气""孩子不听话"等关键词，类似结果会有很多。

搜索同类书

如果你觉得某本书不错，可以进一步查看该书页面下方"经常一起购买的商品"和"购买此商品的顾客还购买过"之类的板块。这些板块会推荐关联商品，一般是与主题密切相关或内容高度近似的书籍。比如，你在电商平台上看到一本《我的校园没烦恼·讨厌规矩怎么办》，它的页面下方会展示一些关联商品——你可能从未听说过这些书，经过仔细查看关联商品的页面信息，你可能会找到自己感兴趣的书。

搜索同一作者的其他书籍

如果你对某本书很感兴趣,也可以点击作者的名字,一般会跳转到搜索页面,自动对作者的名字进行搜索。比如,你在电商平台上发现《化解孩子的对立反抗》这本书不错,可以点击作者"王意中",从而找到作者的更多其他作品。

通读同一作者的不同主题的作品后,你能更好地理解作者的理论和想法。

进阶选书法：
稳准好的四大高效选书法

找"平替"型书，与知识积累相匹配

假设你现在拿着一本书，你明知道它很有价值——因为很多人都推荐——但读起来很难，这时候，你是选择硬着头皮读下去，还是干脆放弃？

如果硬着头皮读下去，你可能毫无收获，如果直接放弃，你又不甘心。这时候，你可以考虑第三种选择，那就是寻找这本书的"替代品"，也即内容相近但更好理解的书。

对于年轻女性来说，高价款护肤品的品质固然诱人，但价格同样让人望而却步。这时候，她们会选择功效接近的"平价替代品"，简称"平替"。图书市场上也有很多平替，比如，《金字塔原理》的平替有《重要的事情说3点》《逻辑思维只要五步》等。

怎样才能找到这样的书，让我们在学习知识、技能的同时，又不至于太痛苦呢？

在回答这个问题之前，我们需要先了解为什么有些书读起来很辛苦。

为什么有些书读起来很辛苦

像《金字塔原理》《思考，快与慢》等书，你可能早就入手了——因为很多人向你推荐，而且在网上的评分也很高——但经过多次尝试，你依然没能读完，这是为什么呢？因为你和这些书之间存在"知识的鸿沟"。

你可能认为读书本身就很辛苦，只要多读几遍就好。但结果呢？你并没有那么多时间和精力去反复研读这些书，它们往往被束之高阁。虽然你每次看到这些书，都会提醒自己"等有时间了，我一定要好好看看"，但这个美好的愿望却久久没能实现。

这时候，你最好是找平替类图书，即主题接近，但与我们目前的知识水平差距并不大的书。比如，很多人都知道《论语》很经典，就买回来读，但读完后却发现，自己理解得并不深入。这时候，你可以买《论语通译》《论语的生活智慧》《论语译注》这些平替类图书，甚至可以买《写给孩子的论语课》——写给孩子的书通常会通过插图、故事等来增加趣味性，我们读起来会更容易。

承认自己现在还读不懂某些书并不丢人，久疏战阵的人无法发挥自身潜力是很正常的。现在量力而行，是为了将来能真正读懂。挑选自己读得下去的版本，并不是什么丢脸的事。我们并不会止步于此，而是会一点点提高阅读水平，最终解锁那本难读的书。而现在，读得开心就好，不必在意别人怎么看。

如何寻找"平替"类图书，降低阅读难度

除了将更简单的译注本或给孩子看的书作为替代品，我们还有其他很多方法来寻找"平替"。

第一，在微信读书 App 上搜索相应的书名，看看它曾被哪些书引用过。

比如，你在微信读书 App 上搜《金字塔原理》这个书名，就会发现，它曾被很多书引用过（如《结构思考力》《好好思考》），甚至很多地方都是直接引用。这些书不仅引用了其文字和观点，还通过很多案例予以解释，能帮你更好地理解《金字塔原理》。

第二，搜索关键词加"入门"，找到你感兴趣的平替。

比如，你对心理学很感兴趣，但一上来就阅读经典著作难度很高，光是里面的概念、名词就让人望而却步。对此，你可以去电商平台搜索"心理学入门"，看看有哪些推荐书目。例如，你可以在手机上打开京东 App 或当当 App，也可以从 PC 端登录，从而快速找到同类书。

像《蛤蟆先生去看心理医生》《心理学入门：简单有趣的 99 个心理学知识》这样的书，能帮你更好地理解一些心理学知识。看完这些书之后，你再去读经典著作，就会容易很多。

第三，从"图多字少排版好"的书读起。

我们通常偏向于选择"图多字少排版好"的书，这样的书读起来更轻松。所以，如果你想读哪个主题的书，就可以在搜索框中输

077

入关键词加"插图",或者关键词加"手绘"。比如,你想阅读沟通类的书,就可以搜索"沟通插图"或者"沟通手绘"。

另外,日韩图书作者更喜欢在书中加入大量插图,因此,你在搜索的时候,可以重点关注作者的国籍,这样就能更快地找到带有大量配图的书。

希望这些方法能带给你"搜书"的乐趣,也期待你把你独特的搜书方法分享给我。

四象限选书法:根据性格选书

每个人都认可阅读的价值,但很少有人能在一年内读完 50 本书。其中一个很重要的原因就是,书目的选择不合适。很多我们当下认为很好的书,未必适合现在读。阅读也需要契机。

如何判断一本书是否适合现在阅读呢?

如何判断你选的书是否适合现在读

每个人的脾气秉性都不同,每本书也一样。与你"气味相投"的书,你读起来更顺利。

DISC 测评将人格特质分为四个维度(见图 3.2),下面我详细介绍一下这四个维度。

DISC 测评把人格特质分为四个维度

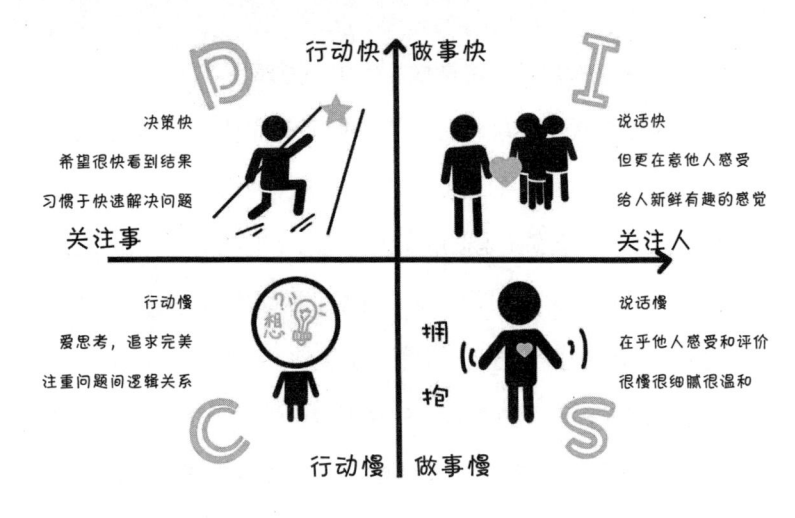

图 3.2　DISC 测评

D：行动快，做事快，说话快，决策快，希望很快看到结果

这种人往往性子比较急，专注于事情，不渲染情绪，习惯于快速解决问题。有一类书就像这种人一样：直接展示方法，绝不拖泥带水；每一节都用简洁的案例来展示明确的方法；如果有原因分析，则作者更倾向于直接指出问题的本质，随即给出最终解决方案；如果你遵循书中的方法，一步一步执行下去，通常可以直接搞定问题。

像《认知觉醒》《能力突围》《从极简到极致》《时间管理7堂课》《写作7堂课》《爆款文案卖货指南》《穿透式学习》《知识产

品经理手册：付费产品版》等书籍，就符合上述特点，属于"快给结果型"。

I：行动快，做事快，说话快，但更在意感受

这种人更喜欢讲故事，习惯于借助面部表情、肢体语言，以及图片、视频等表达自己的内心所想。跟这样的人相处时你会发现，他们经常会带给你新鲜有趣的感觉。

有一类书跟这种人很像：有大量配图，文字不太多，页数也不多。比如，《逻辑思维只要五步》《说服别人，只要三步》《脱胎换骨的人生整理术》以及高木直子的系列漫画都属于这种风格。

还有一类书，虽然没有太多配图，但文字很有画面感。读这样的书，我们仿佛在跟作者对话，越读越喜欢，根本停不下来。像《任正非传》《马云传》《心：稻盛和夫的一生嘱托》《你当像鸟飞往你的山》等，书中鲜活的故事容易让我们沉浸其中，甚至忘了时间。

以上两类书都属于"很有意思型"。

S：行动慢，做事慢，说话慢，决策慢

这种人一般非常在乎别人的感受和评价。他们做事很慢，因为他们会想清楚之后再做，而且执行过程中会伴随着纠结和思考。他们给人以"很慢、很细腻、很温和"的整体印象。

有些书的风格跟他们很像，比如细致全面的工具书和参考书，文字细腻平和的散文随笔等。午后时光，凭窗而坐，品一杯淡茶，

翻开一本这样的书,你就能独享静谧。

此外,像情绪管理类、心理学类书籍,文学大家的作品,部分备考类书籍(经济师、消防工程师、执业药师、注会、公考、法考、教师、造价工程师、安全工程师、证券基金从业资格、人力资源、心理咨询师等职业资格类考试用书)都属于这一类,它们被统称为"慢条斯理型"。

C:行动慢,做事慢,爱思考,追求完美

这种人很有特点,做事注重细节,喜欢推敲,大都是"工具控"。对于所有的事情,他们深思熟虑后才会行动,而且会在行动中,再三思考、反复求证。他们想问题往往很深入,非常注重问题之间的逻辑关系。

有一类书跟这种人很像:作者会结合大量的数据和实验结果,详细地分析和解释某些社会问题或人的行为,并最终给出一些发人深思的答案或一系列方法。像《社会心理学原理》《金字塔原理》《思考,快与慢》等书籍都属于这一类型。它们远远超出了很多读者的认知水平,对于大部分读者来说,要想快速阅读这类书,通常很困难。我把这类书统称为"谨慎周密型"。

对于上述分类,我们总结一下(见图3.3):

"快给结果型":篇幅不长,废话少,方法明确,类似行动指南,通常是一些入门工具书或实用方法书。

"很有意思型"：配图多，文字少，有画面感，以手绘漫画、人物传记、文学故事居多。

"慢条斯理型"：内容细致全面，文笔细腻，以考试教材、散文随笔居多。

"谨慎周密型"：知识水平比较高，需要反复阅读，通常是管理学、经济学等领域的经典作品。

图 3.3　DISC 图书分类法

了解上述分类后，你可以挑选几本书，试着分析它们属于什么类型。

以沟通类书籍为例。我们可以试着把以下书籍进行分类（见图 3.4）：

《沟通的方法》

《重要的事情说3点》

《跟任何人都聊得来》

《换位沟通》

《所谓情商高,就是会说话》

《1小时就懂的沟通课》

《非暴力沟通》

《沟通圣经:听说读写全方位沟通技巧》

《结构思考力》

《金字塔原理》

《关键对话》

快速找到某一主题中更适合自己的书

沟通类书单	"快给结果"型	《沟通的方法》 《重要的事情说3点》 《跟任何人都聊得来》
	"很有意思"型	《换位沟通》 《所谓情商高,就是会说话》
	"慢条斯理"型	《1小时就懂的沟通课》
	"谨慎周密"型	《非暴力沟通》 《沟通圣经:听说读写全方位沟通技巧》 《结构思考力》 《金字塔原理》 《关键对话》

图 3.4 沟通类书籍 DISC 图书分类法

我的分类结果如下：《沟通的方法》《重要的事情说3点》《跟任何人都聊得来》属于"快给结果型"；《换位沟通》《所谓情商高，就是会说话》属于"很有意思型"；《1小时就懂的沟通课》属于"慢条斯理型"；《非暴力沟通》《沟通圣经：听说读写全方位沟通技巧》《结构思考力》《金字塔原理》《关键对话》属于"谨慎周密"型。

其实，书籍的分类并没有严格的界限或要求。我们对其进行分类，只是为了找到与我们相契合的书籍。通常而言，只要我们找到了"气味相投"的书，就不要纠结分类是否"正确"。有时候，我们只需要把书分为"跟我有点像"和"跟我太不像"两类即可。

确定好书单后，我们还需要考虑，如何确保自己随时随地拿出来的书，都适合当时当地阅读？为了解决这一问题，我接下来给大家分享一种很有用的方法——四象限书单法。

四象限书单法

每个人都有精力不济、时间不多但又很想读书的时候，如果此时你去读一本很晦涩的书，就很难读下去，也难有收获。这并不是因为你缺乏自律，而是因为这本书出现的时机不对。要想确定某本书是否适合现在阅读，我们不仅要考虑书的特点，也要考虑自己当下的状态、精力和阅读水平。

根据一个人的精力状况和时间多少，我们可以画出四个象限（见图3.5）。

第 3 章 选书有妙招，轻松提升阅读力

如果你又忙又累，就读跟你气味相投的书。

如果你很忙但不是很累，就读一些方法类书籍，也就是"快给结果型"书籍。

四象限书单法

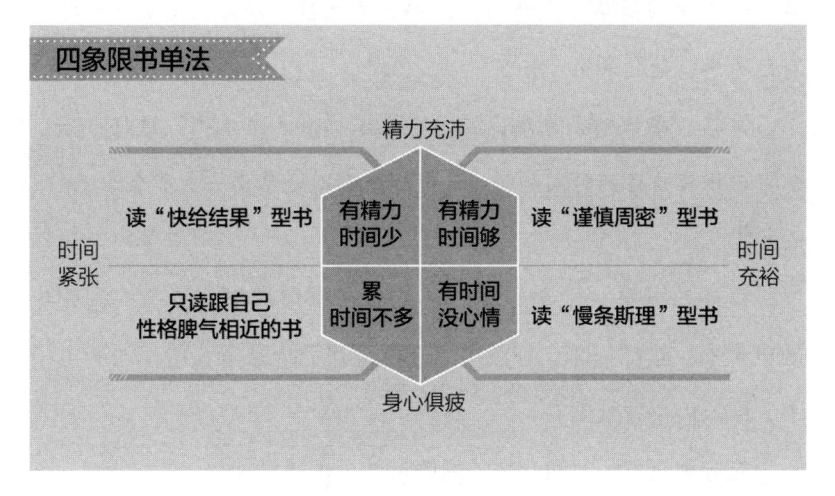

```
                    精力充沛
                       |
       读"快给结果"型书  | 有精力  有精力  | 读"谨慎周密"型书
                       | 时间少  时间够  |
  时间紧张 ─────────────┼────────────────┼───────── 时间充裕
                       | 累      有时间  |
       只读跟自己       | 时间不多 没心情 | 读"慢条斯理"型书
       性格脾气相近的书  |                |
                       |
                    身心俱疲
```

图 3.5　四象限书单法

如果你不忙但很累，就先平复情绪，补充内心能量，读一些心理故事、情绪疗愈等书籍，也就是"慢条斯理"型书籍。

如果你不忙也不累，就读"谨慎周密"型书籍，尽管它们读起来很难，但你要坚持下去。

运用四象限书单法的目的并不在于对书籍进行准确分类，而在于制定适合你的书单，为每种读书状态匹配合适的书籍。

读到这里，你是否已经摩拳擦掌、跃跃欲试了？

085

接下来，你可以做一下下面的练习：

第一，尝试把你手头的书进行归类。如果你觉得四分法太复杂，可以把书简单分成两类：哪些气味相投，读起来更顺？哪些较有距离感，读起来很辛苦？

第二，画出四个象限，在每个象限内放入 4 本书。这样一来，你可以根据自己的时间和精力状况，随时随地拿出一本书来读。

我还要分享一个小妙招，那就是在微信读书 App 中找到相应的电子书。这样一来，你就可以在上下班路上或等人等车时看电子书，回家后再看纸质书。

充分利用各种时间，你的阅读量就会迅速增加。

高效 T 型书单法：匹配你的技能目标

每当有人要求我推荐书目时，我都会这样回复："你想解决什么问题？我帮你推荐相应的书。"

每个人的阅读目标和知识背景各不相同，没有一份适用于所有人的书单。你的书单需要你根据自身情况亲手设计。

那么，设计这样一份书单时应该如何考虑呢？

前文提到，为了养成"读书体质"，我们最好每年读 50 本书，并按照 70：20：10 的比例来选书。其中，"提升技能"类书籍所占比例最高。也就是说,我们每年需要安排35本与"提升技能"相关的书籍。

我们应该如何选择这35本书?这里我向大家介绍一下"T型能力"概念(见图3.6)。

图3.6 T型能力模型

什么是"T型能力"?大卫·格斯特在1991年提出了"T型营销人",意思是"了解多个领域,同时对一个领域有深入研究的人"。T型中"—"的部分(即横线)表示对多个领域有广泛接触,多有了解,能够整合应用;"I"(即竖线)的部分表示在某个领域有深度思考、重度参与、丰富的实战经验。T型中"—"由经验见识和通用技能两个部分组成,"I"即专业技能。

这种能力结构是当今时代的要求。

我们该如何打造自己的T型能力呢？

大量的学习和实践是必需的，而读书作为最基本的学习形式，本书就从"读书"展开论述。

你需要确定自己的目标，并为之匹配相应的书目。比如，你希望提升自己的工作业绩，就要围绕这一目标来选定书目。

首先，你要根据岗位需求，列出你最需要的专业技能清单。如果你是抖音账号运营人员，你的主要目标是让账号涨粉，那么对应的手段就包括内容涨粉、活动涨粉、广告涨粉等，这些都是专业技能。

其次，为了在职场上游刃有余，你还需要修炼通用技能。不过，通用技能的范围太大了，如果你选书时不够聚焦，很容易陷入投入高但收效甚微的困境。

如果你经常跟各部门开会，分析你的抖音账号涨粉慢的原因，那么同事会提出各种意见，如"文案不好""剪辑节奏不好"等。这时候，如果你沟通能力欠佳，如此充分表达自己的意见，就只有挨数落的份儿。因此，你亟须提升沟通能力。

总之，你要根据自己的工作情况，确定需要优先提升哪种通用技能。

最后，为了让抖音账号越来越好，你需要观察和学习那些账号运营做得很好的博主是怎么做的，学习他们的经验和方法。

像这样，你把自己的目标拆分成专业技能、通用技能、经验见识的需求后，书单也就随之而来了。

如果我们只停留在列出书单这一步，就不能完全体现T型书单法的优势。很多人经常走向两个极端：或者仅以满足当前的需求为目的，忽视需求背后的基础；或者不以提升自己的能力为目的，只追求阅读享受。

一方面，相较于"缺啥补啥"的思维，T型书单法更加系统。

很多人在提升职业技能时，忽略了通用技能和经验见识。我们要想实现阅读输出，就必须掌握更加广博的知识。当然，这些知识要与当前需要的技能有关，仍然属于技能的范畴。例如，我想通过阅读学会制作课程视频，除了口才和课程知识，我还需要账号运营、视频剪辑、文案写作、沟通等通用技能。此外，我可能还需要请教成功的老师，听取他们的经验，阅读他们推荐的书籍。如果只是把目光锁定在专业技能上，很可能会因为木桶效应而失败，从而对阅读失去信心。

另一方面，相较于漫无目的的自娱自乐式阅读，T型书单法更加高效。

制定T型书的方法是从某个领域的通用技能出发，分析自己的优势所在，从而确定未来的发展方向。例如，某人从管理学出发，认为自己的优势在于财务管理，而在财务管理领域，自己又擅长资产配置。基于此，他可以按照"管理学—财务管理—资产配置"的学科分类来制定书单。

总之，制定书单并没有固定的套路，但也不能太随意。好的开始是成功的一半，一份好的书单能使你更接近阅读目标，进而实现阅读输出。

主题阅读法：提升阅读力

前文提到，我们碰到一些很想读但很难读的书时，可以尝试寻找平替。但有时候，我们不得不阅读一些很难读的书，也许是因为很难找到平替，也许是因为有时间要求。那么，如何解决这一问题呢？我推荐一个效果明显又有长期价值的方法：主题阅读法。

主题阅读法是一种在一定时间内，大量阅读特定主题的书籍的方法。它能快速提升你的阅读水平和信息转换效率，因为你在短时间内看了大量单一主题的书，不同作者会反复提及和论述相同的知识点，你对它们的理解也会越来越深。

如果你对"如何沟通"感兴趣，你就可以挑选一系列关于该主题的书进行研读。同类书一般会提到，有效沟通的起点是区分"事实"和"评判"。最初，你不太理解这句话是什么意思，但不同的书会从不同的角度进行解释，让你更好地理解其中的含义。

主题阅读有点像考前复习：老师把一学期的知识集中在一起串讲，还给你准备了五六套试卷。经过多轮复习和测试，你逐渐消化了这些知识点，还提炼出了这些知识之间的逻辑关系，整理出了相应的知识框架。这就是老师们常说的"把书读厚再读薄"。

我们该如何应用主题阅读法，又从何处着手呢？

第一步，利用"书脉法"，制定主题阅读的书单。

我发现，很多朋友总是把自己的书摆放得很整齐——按照书的开本、厚度、出版社、装帧形式等来排列，这种排列方式固然美观，但不方便使用。如果你想找某个主题的书，就要在不同的位置翻找。因此，我建议你用书脉法进行摆放。

所谓书脉法，就是把类似主题的书籍按照一定规律摆放，形成一个脉络。比如，某本书是关于时间管理的，你可以在它的两侧摆上与时间管理有关的书，从而形成时间管理的书脉。

这样摆放的图书既方便取阅，又能直观地展示你的知识结构。

建立书脉的方法有很多。你可以从兴趣出发，寻找特定主题的相关书籍，也可以从一本书出发，寻找这本书引用过的相关书籍。你还可以对将要研究的主题进行拆解，然后不断补充相关书籍。拿时间管理来说，时间管理包含时间消耗、晨起时间、碎片时间、随机管理、高效工作、带娃时间等不同细分领域，你可以按照细分领域去寻找对应的书。

我来分享一下我建立的"时间管理书脉"（见图3.7）。我接触的第一本时间管理类书籍是邹鑫老师的《小强升职记》，这是一本以GTD理论为基础的方法书。基于其知识框架，我又涉猎了GTD理论、番茄工作法等相关领域，即在原来的书脉上增加了《搞定》系列、《番茄工作法》、《番茄工作法图解》等书。在此过程中，我又发现了清单的妙用，于是又增加了《清单革命》《神奇手账》《聪明人用方格笔记本》《整理术》等书。

为了进一步提升时间管理技能，我还阅读了其他的一些作品，如《哪有没时间这回事》《时间管理7堂课》《掌控24小时》等。这样一来，我的时间管理书脉越来越广，我对这一主题的理解也越来越深入，后来我还整理出一套课程，受邀为新东方的家长教授亲子时间管理课。

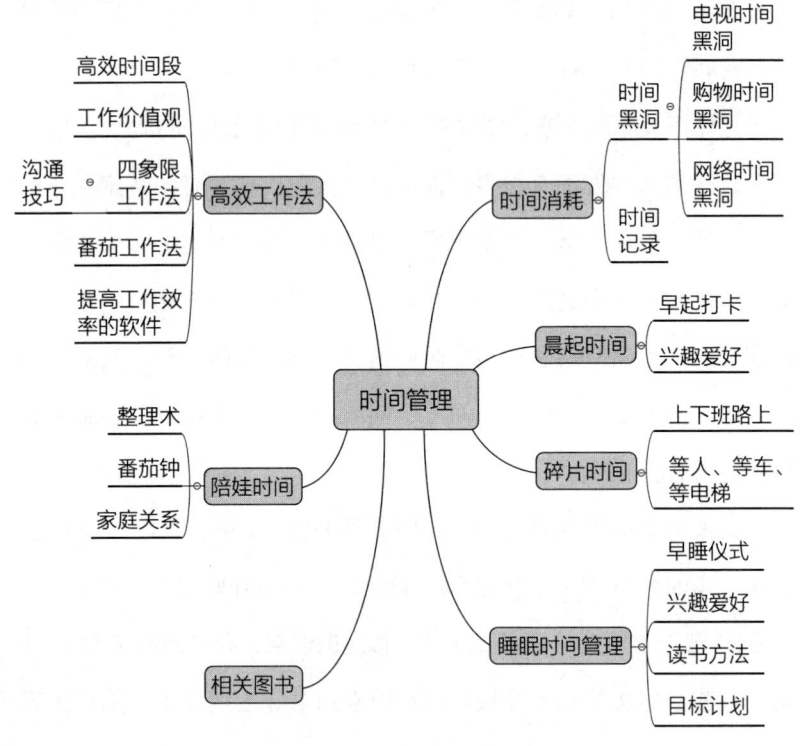

图 3.7 时间管理书脉

第二步，遇到难懂的主题时，不妨试试"绕道读书法"。

在进行主题阅读时，如果你遇到了特别难读的书，可以使用绕道读书法。绕道读书法是指借助一些工具或参考内容，如书评、听书节目、译本、解读类参考书等来降低阅读难度，从而更好地理解原书。

在阅读历史类书籍时，我是如何实践绕道读书法的呢？最初，我选择的是《中国历史地图（图画版）》，因为这本书跟我中学阶段的历史教科书的结构很相近。但内容还是稍显枯燥，以至于我很快就读不下去了。于是，我找来《如果历史是一群喵》配合着一起看，我发现《中国历史地图（图画版）》变得更好理解了。

之后，我又在得到 App 上听了一些解读历史的音频。在此过程中，我发现一个关键点：这些音频节目通常会深入拆解历史事件背后的逻辑。这种思考问题的方法让我大开眼界，先不论其结论是否正确，单是这种思路就给了我很多启发。带着这种思路，我重看之前看过的历史书，发现历史脉络更加清晰了。

一言以蔽之，绕道读书法的好处就是：帮我们更好地理解原书。

本节讲解了主题阅读法的两种具体应用：我们可以基于自己的兴趣建立自己的书脉；如果遇到难懂的书，我们可以尝试绕道读书法，一点点剥开迷雾，最后捕获书中的精彩内容。

如何有效阅读一本书

技能篇：那些年你不能错过的读书方法：

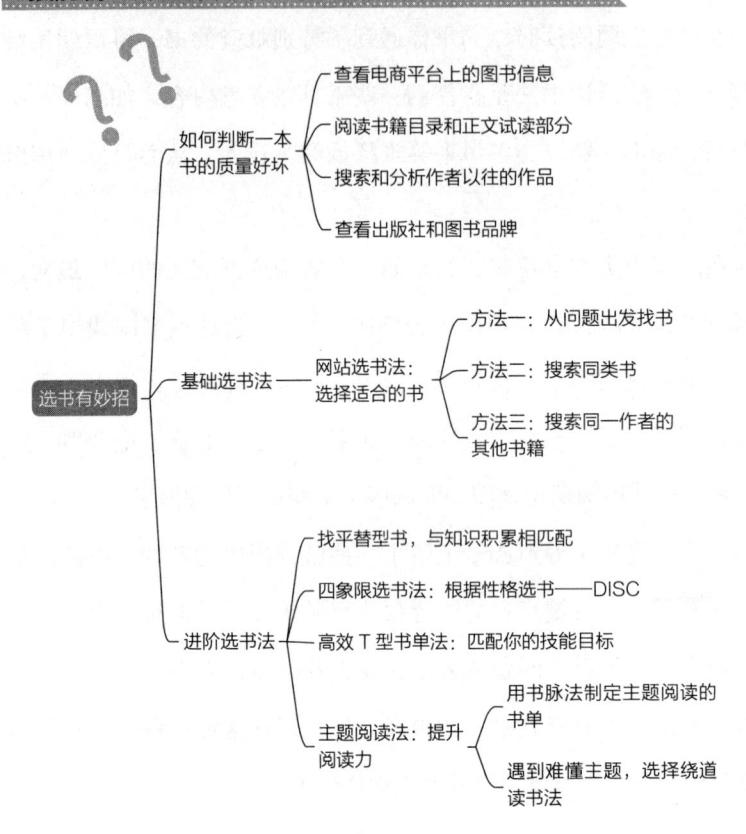

- 选书有妙招
  - 如何判断一本书的质量好坏
    - 查看电商平台上的图书信息
    - 阅读书籍目录和正文试读部分
    - 搜索和分析作者以往的作品
    - 查看出版社和图书品牌
  - 基础选书法
    - 网站选书法：选择适合的书
      - 方法一：从问题出发找书
      - 方法二：搜索同类书
      - 方法三：搜索同一作者的其他书籍
  - 进阶选书法
    - 找平替型书，与知识积累相匹配
    - 四象限选书法：根据性格选书——DISC
    - 高效T型书单法：匹配你的技能目标
    - 主题阅读法：提升阅读力
      - 用书脉法制定主题阅读的书单
      - 遇到难懂主题，选择绕道读书法

第 3 章 选书有妙招，轻松提升阅读力

技能篇：选书小妙招

这书怎么样？ 听我的！

1. 查看电商平台上的图书信息
2. 阅读书籍目录和正文试读部分
3. 搜索和分析作者以往的作品
4. 查看出版社和图书品牌

怎么选书？

基础版：上网搜
- 方法一：从问题出发找书
- 方法二：搜索同类书
- 方法三：搜索同一作者的其他书籍

进阶版：看这里

找平替型书，与知识积累相匹配
四象限选书法：根据性格选书
高效T型书单法：匹配你的技能目标
主题阅读法：提升阅读力

第4章

高效能阅读

如何才能快速阅读

很多人问我:"我应不应该学习快速阅读法?"

他们习惯了细致而缓慢地读书,当听到别人说"快速阅读是一项必备技能"时,他们就觉得那是囫囵吞枣、走马观花。所以,他们对快速读书法的态度一直很矛盾。

关于快速阅读,我的建议是,每个成年人都应该具备这项技能。快速阅读法能让我们快速达到预期的阅读量,更重要的是,在快节奏的时代,知识更新的速度很快,我们要学习的东西太多,时间又太少。如果我们不具备快速阅读技能,就会被时代淘汰。

不过,快速阅读法并不适用于所有图书,很多书还是需要细细品读、反复阅读的。

这就涉及一个问题,我们在什么时候需要快速阅读?

什么时候你需要快速阅读

考前复习时,你需要快速阅读之前整理好的笔记;公司要求你在三天内完成一份详细的市场需求报告时,你需要快速查阅大量资料;入职新公司之后,你需要快速阅读大量培训资料……在这些场

如何有效阅读一本书

景中，我们都需要运用快速阅读技能，否则就会手忙脚乱。

快速阅读对写作而言尤其重要。当你在写东西时，想从书中找一些素材，或者突然想起在某本书里看到过相关内容，想快速翻到对应的位置，快速阅读能力就非常有用。

快速阅读法不仅能帮你快速找到所需信息，还能让你通过反复阅读关键词附近的内容，获得新视角、新启迪。

在看到《认知觉醒》一书中"焦虑的原因在于想同时做很多事，又想立即看到效果，还避难趋易，想不怎么努力就立即看到效果"这句话时，我想到《你有多自律，就有多自由》一书中有类似的观点："成功者与止步不前的人最大区别就在于，前者从不把时间浪费在考虑外在因素的干扰上，只一门心思地攀登和挑战，而后者总是眼高手低，一边不努力一边可劲儿焦虑，最后还把这种焦虑归结在怀才不遇上，一心认定自己是千里马，还没遇到开发自己潜力的伯乐。"当你把不同作者对同一问题的观点放在一起看时，就会有新的理解。

如何开始快速阅读

快速阅读的技巧有很多，下面我分享其中几个比较容易上手的技巧。

第一个技巧，通过浏览封面、目录和序言快速抓住关键信息。

如何快速抓住一本书的关键信息呢？我们在拿到一本书后，一般要先看三个地方：封面、目录和序言。

第一，看封面。通常来说，图书编辑会把一本书的亮点体现在封面文案上，也会指出目标群体，以及这本书能解决什么问题等。

以《带人要同频，管人要共情》一书为例，它的封面上写着"150万册畅销书作者吉田幸弘从8个角度，48个上下级沟通难题入手，用108种方法将中层带团队问题一网打尽"。这段话点明了作者的实力、书中的主要方法、要解决的核心问题，即便你不打开书，也能对其有个大概了解。

第二，看目录。通过看目录，我们能明白一本书的框架，即全书的脉络，也能快速锁定哪些章节可能是我们感兴趣的。

以《终身成长》一书的目录为例：

引　言

第1章　思维模式

第2章　思维模式解析

第3章　关于能力和成就的真相

第4章　体育：冠军的思维模式

第5章　商业：思维模式和领导力

第6章　人际关系：关于相处的思维模式

第7章　父母、老师与教练：思维模式的传播

第8章　改变思维模式

出版后记

第1章和第2章主要讲的是概念,第3章主要讲的是原因,第4章到第7章讲的是应用,第8章讲的是我们应该怎么做。看完目录,我们就可以根据自己的需求,直接翻到对应章节。

第三,看序言。序言通常位于目录前,主要包括作者写书的初衷、成书的经历以及为什么如此规划整本书的结构,等等。你看书时或许并不关注序言,但它确实对我们很有帮助,因为作者常常会在序言中写明,他想帮助哪些人解决哪些问题,他最想说的话或者最看好的方法。以《杜拉拉升职记》这本小说为例,它的序言中提及很多职场问题,如职场新人如何解决多部门沟通障碍,如何处理上下级关系,中年职场人士如何让自己"贵得值当"等问题。作者既然在序言中提出了这些问题,就会在情节方面进行相应的安排,我们可以按图索骥。

第二个技巧,读第一遍时,只看关键内容,快速跳读。

跳读是为了快速锁定所需信息,对有价值的信息进行细细研读。如何判断哪些信息更有价值呢?可以通过书中的关键内容来判断。

第一,标题。书中的大小标题一般概括了要点,也是作者最想呈现给读者的内容。通过标题,我们能快速判断某一节是否包含我们要找的信息。

第二，配图。很多书都有配图，这些图片可以帮助我们理解书中内容，甚至图片本身就包含了主要知识点。

第三，章节小结。作者一般会在每一章的最后一段或最后一页，总结本章的内容要点，如果你把每章小结扫读一遍，就能很快明白全书是围绕哪些要点展开的。

第三个技巧，遇到重点章节，用Z字阅读法，快速扫读。

为什么要学习扫读？

扫读的目的在于快速锁定你需要的内容。即使你逐字阅读，也不可能记住书中的每个细节，当你需要到书中寻找素材时，依然离不开扫读。因此，尽早具备快速阅读能力是必要的。

一开始，你可能不习惯扫读，你会觉得，如果没有逐字阅读，就不能百分之百断定这些内容到底是否有用。但《王者速读法》一书提到：你要把书当作自己的仆人，而你是国王，书能为你提供你需要的信息，你不需要的时候，它就在一旁待命。所以你看书的时候，不需要像在电影院里看电影一样，从头看到尾，而是应该像看手机视频一样，可以拖动进度条，加快速度或放慢速度，主动掌控阅读节奏。

如何进行扫读？

其实，很多人都有过扫读的经历，只是他们没意识到那是扫读：通常只看每一段落的第一句和最后一句，就能猜出整段话的大概意思。而这里说的扫读，是按照下图中的Z字阅读法进行的：重

103

点看段落的开头和结尾，中间跳着看，目光的移动轨迹整体呈 Z 字形（见图 4.1）。

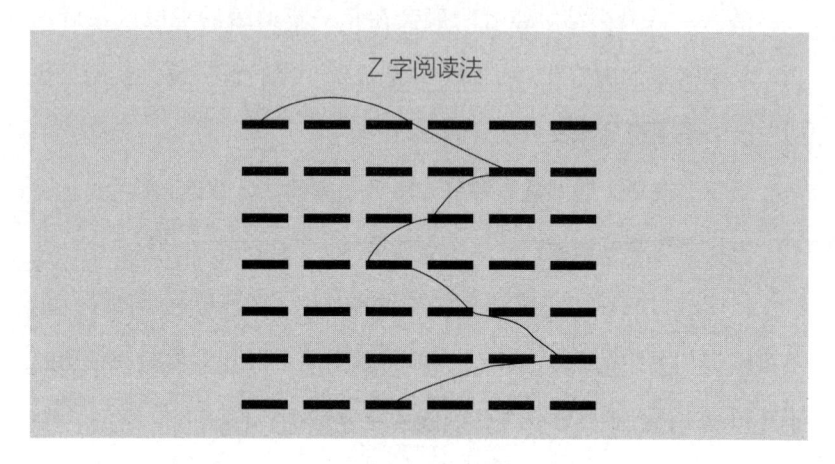

图 4.1　Z 字阅读法

　　总之，快速阅读是一项必备的技能，即便我们不一定经常使用。快速阅读的方法有很多，本书只是分享了其中几例。如果你想学会这项技能，可以集中阅读这一领域的一些书。你也可以找一本自己喜欢的书，用本篇分享的方法读一下，看看它跟逐字阅读的体验有何不同。

读书时总是回读，效率低怎么办

很多粉丝说："我在读书时会不自觉地回读。因为总是难以回想起来刚才读的内容，所以只能一遍遍回头重读，结果就是阅读效率特别低，原本计划三天读完的书，一周才读完。我该怎么办呢？"

我以前也有这种习惯，为了纠正这种习惯，我综合了很多阅读方法，总结出了"A4纸阅读法"，它可以有效解决回读问题，还能让我们加深对书的理解。

什么是A4纸阅读法

请准备两张A4纸（或类似尺寸的白纸），一张用于在读书过程中锁定注意力，另一张用于在事后检查刚才的专注程度（见图4.2）。

为什么用A4纸而不是A5纸或便利贴？首先，因为A4纸是日常生活中最常见的纸张。其次，纸张只有足够大，才能装下你那么多天马行空的想法。在读书过程中，如果你突然想上网购物，或者突然想起要为孩子上学准备什么东西，就把这些事情记在纸上，然后继续读书。就像《认知觉醒》一书所说，"该有的享受一点不会少，只是不是现在，而是在完成重要的事情之后"。至于纸张尺寸，不要过于纠结，如果你手边只有 B5 纸，也完全没问题。

A4 纸阅读法

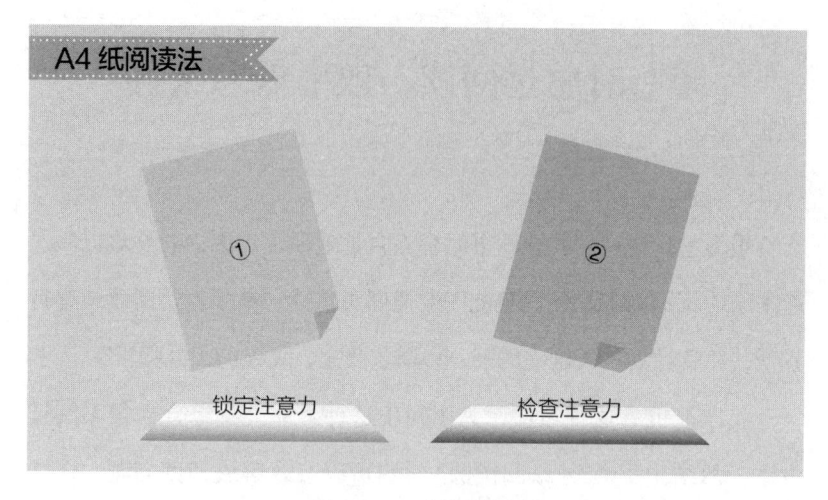

① 锁定注意力　　② 检查注意力

图 4.2　A4 纸阅读法

说到纸张数量，考虑到我们保持专注的时长通常不足半小时——平均为 15 分钟，两张 A4 纸正反面完全够用。每过半小时，我们就要主动休息 5 分钟，在开始新一轮阅读时，我们可以再拿出两张新的 A4 纸。

这种方法主要是为了帮我们集中注意力，因此，书写时不必刻意追求工整，纸张可以用过即弃。千万不要尝试保留这些记录，因为任何与阅读无关的想法都会分散你的注意力。如果你想将两张纸保留下来，或者拍下来发在微信朋友圈，你就会有意整理或装饰这些记录，从而在阅读时分心。所以，你最好提前告诉自己，这两张纸可以随便用，随意涂抹，不必小心翼翼。

如何应用 A4 阅读法

怎么使用这两张纸才更有效呢？为什么要用两张纸而不是一张纸？我来详细解答一下。

第一张 A4 纸：锁定注意力。

在这张纸上主要写三方面内容：你看不懂的内容，对你有触动的内容，让你走神的事情。

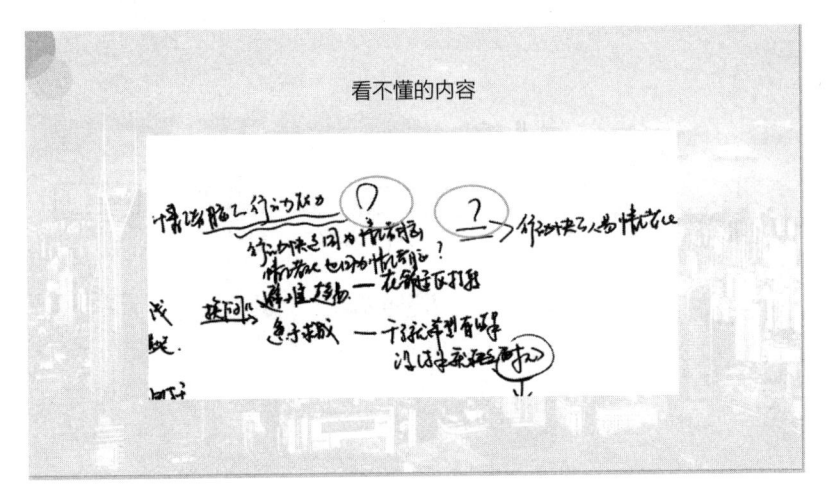

图 4.3　看不懂的内容写在纸上

第一，你看不懂的内容。

遇到读不懂的句子，你可以先把关键词写下来，或者把整句话写下来——不要照抄原句，略写即可，然后在旁边打个问号。后续如果你读到了对这一问题的解释，就可以把答案补写在问号附近（见图 4.3）。

第二，对你有触动的内容。

写下书中对你有触动的内容，它们可能是一些方法或概念。你可以尝试用简笔画，画出你对这些方法或概念的理解。美不美观不要紧，能否帮你加深理解和记忆是最重要的。下面就是我画的五种焦虑的图形（见图 4.4）。

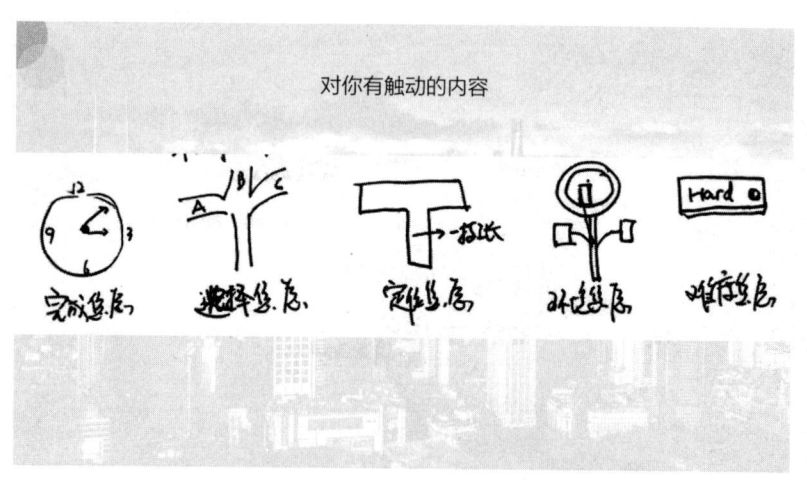

图 4.4 五种焦虑类型的手绘图

你可以用三角、圆圈等图形进行标注，也可以在这些图形之间加一些线，标出它们的关系，好让自己深入理解相关知识。这时候，你不必在意准确性，只要能调动自己的注意力，有助于思考就好。

第三，让你走神的事情。

如果你在读书时突然想起来，要给孩子准备明天上学用的东西，那么先把这件事记下来，等阅读结束后再去准备。如果你在读书时被别人打断了，那么你可以记下当前页码和关键词，方便稍后接着读（见图 4.5）。

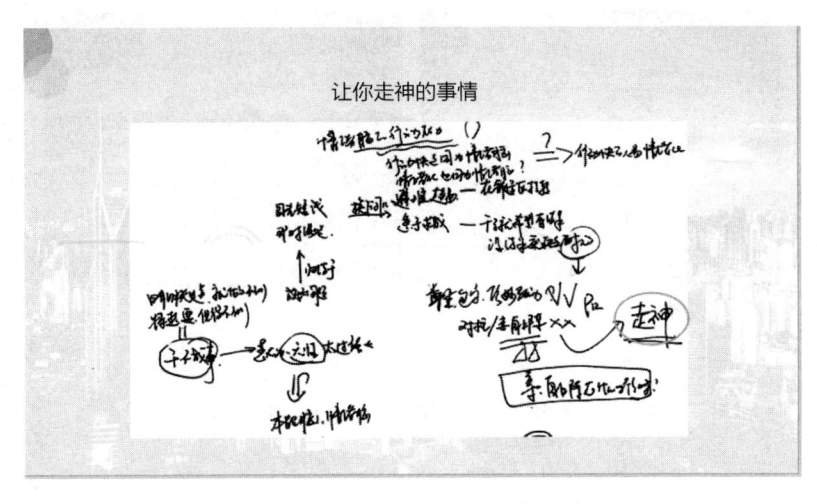

图 4.5　记下让你走神的事情

记录上述三方面内容时，你不必拘泥于形式、大小、位置，可以随意书写，只求效率和效果。

接下来，让我们看一下第二张 A4 纸的作用。

第二张 A4 纸：读后检查注意力。

在第二张纸的正面写下一行字"错过的真的不值 100 万"；随着视线逐渐下移，你可以用这张纸陆续遮盖住读过的内容，以防止自己回读；即使你忍不住回读，"错过的真的不值 100 万"这句话也会映入你的眼帘（见图 4.6），给你强烈的心理暗示。

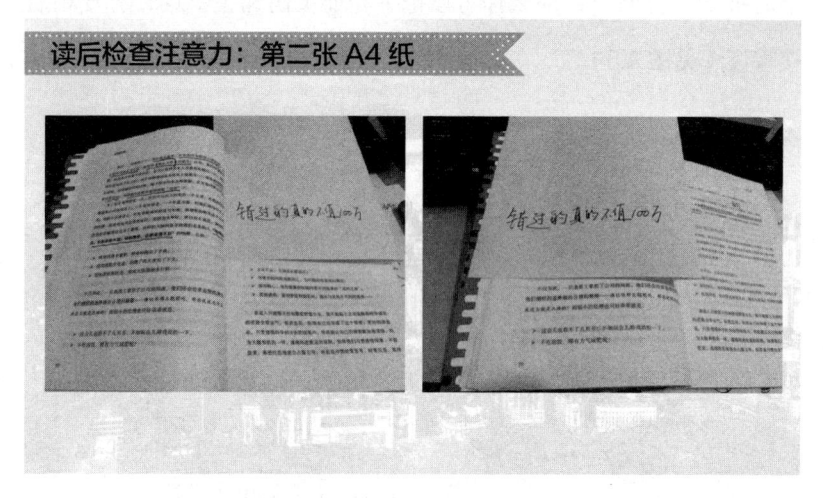

图 4.6　在纸上写下"错过的真的不值 100 万"

以上只是第二张 A4 纸的附加作用，它真正的用途还在后面。当阅读告一段落时，你可以把这张纸反过来，在背面写下你刚刚读过的内容，以检查自己的阅读效果。具体怎么做呢？

第一，回忆刚刚读过的内容，回想一下关键词。

比如，当你回想《认知觉醒》第一章的内容时，你可能会想到

"本能脑""情绪脑""理智脑""焦虑""耐性""舒适区""复利曲线"等关键词。

第二，写下关键词及其解释，并尝试找出它们之间的关联。

依次写出所有关键词，在每个关键词后面写上关于它们的解释。适合用手绘图展示的，也可以画图。这时候，你可以翻看原文，一方面加深理解，另一方面查漏补缺，把遗漏的内容补充到纸上（见图4.7）。

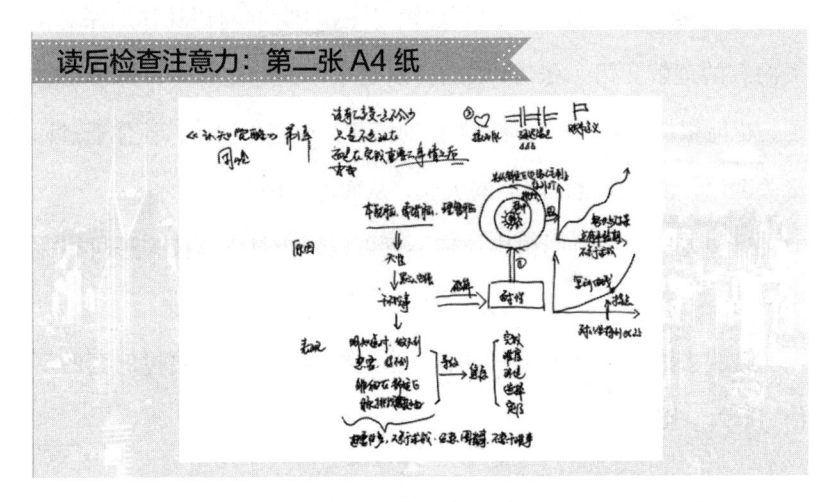

图 4.7　第二张 A4 纸

如果你能快速找到这些关键词之间的关联，那说明第一遍的阅读效果不错。如果你不太确定这些关键词之间是什么关系，那说明你刚才的阅读是浅阅读，专注度也不够。即使是后一种情况，你也不要担心。这两张 A4 纸，能逐渐提升你的专注力，带你进入深阅读。

关于两张 A4 纸的使用，还有一种升级玩法，就是在你找到关键词之间的关联后，大声读一遍。

我之所以强调要读出声来，一是因为发声比默想更能锁定专注力，二是因为声音会刺激你的大脑，充分调动手、眼、口、心，从而加深你的理解。作为成年人，我们只能基于理解来加深记忆。

综上，两张 A4 纸既可以帮你锁定注意力，也可以让你加深对相关内容的理解。第一张 A4 纸的精髓是帮你锁定注意力，即便走神了，也能很快回来；第二张 A4 纸的精髓在于避免回读，让你通过回忆关键词，说出关键词之间的关联，从而加深理解。

这种方法应用范围很广，你不仅可以用于日常阅读，还可以用于考前复习、课堂学习、参加一些重要会议等。

赶快去试试，至少先试着做一张遮挡卡，写下"错过的真的不值 100 万"吧！

读书不专注，可以听有声书

近年来，听书作为一种阅读方式越来越普及，也得到越来越多的人喜欢。听书虽然不能代替阅读本身，但它也有着自身的优势。

听书的优势

你手里端着一本书，目光逐字扫过，每个字都认识，但却不知道在讲什么，于是你不断倒回去重读。渐渐地，你睡意蒙眬，思维运转也逐渐慢下来。即使强打精神，困意还是会再次来袭。这是不是你经常有的读书状态？

虽然很想读书，但真正拿起书的时候，又是哈欠连天，该怎么办呢？有网友说，每当这时候，他就会放下纸质书，转而去听书，解读者或者演绎者的情绪随着听书不易犯困。不过，听书似乎不如读纸质书收获大、记得牢。所以，很多人都有点纠结，不知道何时该选择看纸质书，何时选择听书。

什么时候适合听书呢？为了回答这个问题，让我们简单回顾一下有声书产品的由来。催生有声书产品的因素主要有两个：一是人们的时间越来越碎片化，很难找到整块时间来看书学习，而且随身携带纸质书不太方便；二是人们获取知识的热情空前高涨，过去花大量时间和精力都"啃"不下来的书，现在却可以借助有声书产品，在短时间内掌握书中的精华。

各大有声书平台在不断更新好书解读音频，一些传统音频平台，如QQ音乐、酷狗音乐等，也开始布局有声书市场。这跟人们的生活和学习方式的变化密不可分。

有声书产品时长较短，通俗易懂，能让人快速获得精彩内容，因此俘获了广大网友的心。目前，有声书和电子书的关注和使用人数，已经超过了纸质书。即便如此，听书也有弊端。

听书的弊端

第一，影响深度思考。

从本质上来说，学习是一件违背大脑喜好的事情，而有声书对纸质书的内容进行了拆解，大幅降低了大脑吸收知识的难度。不过，这也容易让人停留在关注有趣情节和获取基础信息的层面，不利于深入思考。

我一度在手机上下载了好几个听书软件，每天上下班路上都会戴上耳机听书。一开始，我认为这种方式非常好，能合理利用时间，让我不必再为没时间看书而焦虑。

但后来我发现，我的思维因此受到了限制。我从听书软件上得来的，都是经过加工的观点，甚至包含讲书者的一己之见。这并不是说讲书者的理解是错的，而是因为原书逻辑严密、体系庞大，他只能截取一部分内容进行解读，而且，他的解读也带有一定的主观性。在这种情况下，如果我们不回归原文细细品读，只是接受"二手知识"，就很难培养独立思考的能力。

第二，在音频中无法快速查找信息。

我曾经以听书的方式学习过《深度工作》这本书，其中的很多观点让我受益匪浅。我意识到，如果将作者所述方法付诸实践，我肯定会极大地提高工作效率。但是，因为工作太忙，我没有及时将所学内容记录下来，很快就忘得一干二净，更遑论付诸实践了。我不得不买来一本纸质书，重新阅读一遍，并标注出重点章节，查找自己需要的内容。所以，有声书只是引导者和探索者，有助于我们发现哪些书对我们是有用的，但想要完成真正的阅读，还必须看原书。

第三，听书往往无法激发我们写东西的欲望。

读书时一定要做笔记，哪怕只是记录让你印象深刻的句子或你的感想，也能激发你的思考。读纸质书时做笔记很方便，但听有声书时就不太方便，因为听有声书往往是在碎片时间，比如做家务的时候或挤地铁的时候。大部分情况下，让你有所触动的句子往往转瞬即逝，你还没想好如何记录，就已经想不起来了，最后只好放下动笔的念头。

听书确实有弊端，但并非全无好处，有些人就特别适合听书，对他们而言，听书是一种极好的学习方式。

什么人适合听书

没时间看书的人适合听书。我的很多学员是二宝妈、三宝妈，她们每天都忙得脚打后脑勺，但为了自我提升和更好地教育孩子，她们还是决定每天坚持读书。因为时间不够用，她们每天都身心疲惫，躺到床上就能睡着。于是，我建议她们用碎片时间听书，比如，在早起洗漱时，打扫卫生时，做饭时，都可以听书。一本200多页的书，听相应的有声书的话，只需要20分钟，难度大幅降低了。而且，当你的听书时长被书友点赞时，你会更有动力这么做。用一顿饭的时间听一本好书，非常值得。这时候，听书就像饭后甜点，会给你疲惫的生活增添乐趣。

迷茫的人适合听书。迷茫似乎成了能引发现代人普遍共鸣的一个词，可以说，不分人群，不分年龄段，人们各有各的迷茫。年轻人迷茫于未来的方向，不知道该如何在大城市扎下根；30多岁的人也满是惆怅，整天忙于工作和带孩子，不知道还能干点什么；年长的人过着一眼能看到头的日子，也担心万一被公司淘汰……他们按部就班，做着琐碎且不得不做的事，原有的梦想已消失殆尽。在"无时间，无目标，无毅力"的三无状态中，很多人即使想读书，也不知道该选什么书。

在这种情况下，听书无疑是很好的选择。每天听两本书，书目任选，随机播放，学习一些知识，收获一点慰藉和能量，总好过平淡如水的日子和没日没夜的焦虑。每天听书至少能让你获得思维提升，自然而然地把所学知识应用在工作和生活上。**如果某本书打开了你的内心世界，让你重拾对生活和工作的热情，大喊一声"我的生活我做主"，这段听书旅程就是值得的。**

听觉型学习者适合听书。心理学家指出，人有很多种接收信息的方式，常见的有听觉、感觉和视觉三种。有一种人依靠视觉学习是很困难的，他们还没有到视觉学习障碍的地步，但理解视觉符号有困难。如果把相关知识讲给他们听，他们反而能快速理解，这类人就是听觉型学习者。

一个40多岁的学员跟我说，她14岁就出来打工，也没读过什么书，这辈子最大的愿望就是弥补当年的遗憾，多读点书，也是给孩子做个表率。但她说，很多书她都看不懂，每次拿起书来都很受打击。后来我建议她尝试听书，看看是否有收获。她一周之后跟我说："小钱老师，听书太有意思了。"她听了《关键对话》，将书中的方法用在了跟婆婆沟通上；她在做家务的间隙听完了《养育男孩》，跟儿子做了一次深度对话；她也听了之前看不懂的《干法》，这次终于听明白了作者在书中想要表达的意思。

也许你跟他们一样，因为没时间读书、不知如何选书、读书读不懂等问题而苦恼，那么，试一下听书吧，也许会为你打开一个新天地。

如何灵活调配听书和看书的节奏

我们要根据所选书的类型,来决定应该听书还是看书。

如果你选择了一本方法类书籍或有深度的文学作品,理解起来比较困难,你就可以选择先听书,从而了解其框架或要点,在心里打个底,然后通过读纸质书来补充了解细节信息。

我们也要根据时间安排和精力状态,来决定应该听书还是看书。

如果时间不太充裕,身体比较疲惫,你就可以选择听书。当然,你的目的是获取知识,而非单纯的消遣。在这种情况下,书的类型可以任选,只要对你有启发、有帮助就好。

如果你有 15~30 分钟时间,你最好选择读书,读电子书或纸质书都可以。你可以通过目光聚焦来锁定注意力,进而激发思考,深化对书的理解。

也就是说,听书可以作为日常阅读的调味品,从中获得乐趣,但要想养成好的阅读习惯和获取知识,还是应该以读纸质书或电子书为主。

真正的阅读，是重读

家里有孩子的读者对这样的场景再熟悉不过了：孩子总是缠着我们，让我们为他们反复读同一本书。但作为成年人，我们很少会重复读一本书。

世界上有许多好书，每天又有大量的新书出版。面对读不完的新书，我很少想到要把读过的书重读一遍。但是，当我的阅读量达到一定水平后，我对书的判断能力增强了，遇见或发现好书的概率开始下降了，于是，我开始重新拿起旧书，并发现了重读的乐趣。

重读的时候，你会有新收获

每次重读自己喜欢的书，我们都会有新的收获。比如，我读完《有钱人和你想的不一样》这本书后，对其中一句话印象深刻："摸着你的头说，这是有钱人的大脑。"这句话给了我很大的冲击，因为在此之前，我认为我此生都不会赚到足够多的钱，我的事业也不会取得很大的发展，但是，这本书给了我新的力量。我应该努力让自己变得富有，让事业蒸蒸日上。重读这本书时，我依然注意到了这句话，于是我苦思冥想：为何这句话对我有无穷的吸引力？带着这个问题重读时，我发现了这本书对"有钱人的大脑"的诠释。作者提到，人对金钱的期待分三个层次。

第一个层次，想要。如果赚钱机会来到你的面前，你就会欣然接受，但接受并不一定代表拥有。想赚钱但还没赚到钱的状态，会让你产生更多的欲求，进而陷入一种循环：一直想要，但一直得不到。

第二个层次，选择变得富有。这一选择需要你拥有很强的能量。它与你创造自己的现实的责任密切相关。但是，仅仅做出这一选择是不够的。

第三个层次，致力于变得富有。你毫无保留地运用自身的力量，倾尽自己的一切，以达到富有的状态。付出所有该付出的时间，不给自己找任何借口，这是战士的姿态。没有"如果"和"但是"，也不容忍失败，为了变得富有，你会永不停歇地尝试。

再次读到这些内容时，我竟然能针对上述三个层次说出自己的理解，并且以此来诠释"摸着你的头说，这是有钱人的大脑"这句话。这就是重读的好处之一。

重读时，能与过去的自己重逢

重读旧书时，我们的记忆会慢慢呈现在脑际，我们仿佛能看到初读这本书时的自己。以《小狗钱钱》这本书为例。我于2004年第一次读《小狗钱钱》时，刚做完心脏手术，在家休养。休养期间，我一边为返校后落下的功课焦虑,一边因自己孱弱的身体恢复缓慢而无奈。恰逢此时,我读到了这本书。我不仅陶醉于这个童话般的奇妙之旅,还痴迷于此书所说的"成功日记"。此后,我持续创作成功日记有两年,还带动了十数位同学一起写。所以,每当我打开《小狗钱钱》这本书时,那段往事就像电影一样,一帧帧在我的脑海中播放出来,成为我的美好回忆。

重读能唤起回忆,而回忆会唤起幸福感。我们或许会庆幸当年读过某本书,庆幸因读过那本书而受益匪浅。这种幸福感扑面而来,会让我们更加明白当下的意义,也会在危机来临时,为我们注入新的力量。

有些书,大家一定要重读,因为那是在阅读幸福。正如普鲁斯特在《论阅读》中写道:"今天我之所以将以前读过的书又翻出来阅读,是因为它们是我珍视已逝岁月的唯一见证,是因为我怀念书桌上浮现的,那早已不存在的居所和荷塘倒影。"

重读,能遇见不同时期的自己

当你多次拿起同一本书时,你能遇见不同时期的自己。

我读过最多遍的一本书是《规划最好的一年》,从 2019 年此书面世时编辑赠我样书开始,一直到近期,我已读过 20 多遍。书中有让读者填写的计划表格,所以我几乎每个月都要翻阅此书,看看我当初填写的年度计划完成了哪些,我离当初的梦想还有多远,同时学习一下作者的写作技巧和叙述逻辑。

当初,我是被作者"今年必须是突破之年"这句话吸引,开始阅读这本书的。借助书中的方法,我设定了2019年到2020年的目标和计划。计划并非一帆风顺,在2020年年初我被迫离职,于是重新修订了计划。不过,辞职创业后的每个月,这本书都在我手边。因为这本书不仅会明确我的未来计划,还会不断提醒和质问我,我应该"突破"什么?我应该从哪里"突破"?谁能帮我"突破"?

现在,这本书就在我的手边。我看着自己曾经批注的句子,不禁感慨,我从没想到自己会在漫长的阅读生涯中,产生如此大的蜕变。是的,我们往往难以意识到自身的变化,因为我们大部分人都有一个相对稳定的自我身份认同,除非遭遇重大事故或意外打击,否则我们对"我"的认知是很难被改变的。虽然我们拥有相对稳定的自我身份认同,但现实中的我们却是在不断变化的。而我们重读一本书的过程,就是与变化的自己相遇的过程,与不同时期的自己重逢的过程。

如何重读

关于阅读安排的"三一定律"指的是,每读三本新书,就重读一本旧书。这样我们就面临一个问题:越来越多的新书变成旧书,我们该如何处理呢?对此,我的解决办法是,定期舍弃一部分旧书。我会选出一部分书，送给不介意书中有批注的朋友或同学；之后，我会选出初读感觉尚可、重读感觉欠佳的书，直接将它们变卖。

还有一些我过去认为"超级好"的书，重读时却味同嚼蜡。当我认为这些书中有价值的内容所占篇幅过小时，我就会把它们直接处理掉，哪怕当初是高价买来的。淘汰旧书的过程，也能从一个侧面提醒我们，要继续努力。如果认知没有持续升级，我们就会被一些低质量的或者内容陈旧的书影响。经过重读和筛选后，我们或许会为过去的选书标准羞愧不已，但同样能看到一个成长中的自己。过去的自己在错误的书上浪费了时间，这并不是一件多么令人羞愧的事，对我们来说，最重要的是引以为鉴。

我们多次阅读同一本书时，不可能拥有同样的理解和认知，因为如今的我们早已不是初次翻开这本书的状态。对于一本书来说，它的读者永远是陌生的。而你正可以通过重读，看到不同时期的陌生的自己，尤其是变化中的自己。正如赫拉克利特所说："人不能两次踏入同一条河流，因为无论是这条河还是这个人都已不同。"这也是重读的真正奥秘。

重读就像一场意义超凡的旅行，即所谓的"自我的时间之旅"。我希望每个人都能通过重读，体验这一旅行的奇妙之处。在这个周末，你就可以试试，选一本曾深深打动过你的书，开启重读之旅。

读书时有必要朗读吗

离开校园后,很多人就不会再像学生时代那样朗读了。甚至很多人在中学时代就已经进入了默读模式。如今,朗读已成为一种正在消逝的读书方法。但在古时候,人们所说的读书,就是指朗读。

朗读的价值

朗读的价值首先体现在,它是劣质内容的终结者。

有些文章,你只是用目光扫过它们时,并不能察觉到哪里不好,但只要你朗读一遍就会发现,这些文章要么堆砌了一些难以理解的名词,借以凸显所谓的"高级感",要么内容缺乏深度,填充了大量正确的废话。

如果你遇到一篇自认为不错的文章,大可以放声朗读。朗读不仅能让你进一步理解作者的观点,还能让你感受到作者的行文逻辑、语句措辞、过渡描写、例子的安排等。

一篇文章好不好,出声念过见分晓。

朗读有助于理解高难度文章

朗读还有助于你理解高难度文章。有些书可能远超你现有的知识储备，你第一次阅读这样的书时，可能根本不知所谓。即使你重读一遍，也不一定能准确领会书中的深意。但是，当你朗读时，你的眼睛在看、耳朵在听、大脑在想，你充分调动了自己的感官系统，很可能就会明白其意义。尤其是当你理解不了书中某个篇章的逻辑时，朗读有助于快速理解和吸引。

朗读时，我们会不由自主地调动我们的情感，从而加深对文章的理解，也能在更高的层次上与作者进行心灵的对话。

朗读能触动你的延伸思考

朗读更能让你回忆起一些事情。比如下面这句话：

也许我们并不认为自己的谈话方式是"暴力"的，但我们的语言确实常常引发自己和他人的痛苦。

请大声读一下，看它是否能让你想到一些往事？

例如，你父母曾跟你说："我说这么多，都是为了你！看人家×追，比你强多了！"亲戚曾跟你说："这你都不懂，白念了这么多年书。"领导曾跟你说："让你做点儿事，你的借口怎么这么多。"这些话是否唤醒了你心底那些不好的感觉？这些话就是来自他人的语言暴力。

反过来，你可以再思考一下，自己是否曾无意间用语言暴力引发了别人的痛苦。"为什么别人都会，就你不会""你怎么这点儿小事都做不好"，这些话你是否曾跟孩子或朋友说过呢？

以上这些回忆，都来自对上面那句话的朗读：也许我们并不认为自己的说话方式是"暴力"的，但它们确实常常引发自己和他人的痛苦。

这样的回忆对我们有什么用呢？

一方面，它让我们回顾自己曾受到的伤害，未雨绸缪，思考将来如何应对类似事件；另一方面，它让我们看到自己的过错，以此为鉴，思考将来如何避免再犯类似的错误。

朗读有助于你的写作

朗读是检验文本质量的强大手段：那些默读时发现不了的缺点，会在朗读时暴露无遗。词语使用是否恰当、句子是否通顺、逻辑是否严密等问题，都可以通过朗读来检验。

很多作家都有朗读的习惯，英国小说家塞缪尔·巴特勒曾在备忘录里写道："听说莫里哀给侍女阅读自己的作品，这是因为仅通过大声朗读的行为，便可让作品在自己眼前呈现新的一面。我也经常给别人大声朗读我的文章。我自己读的时候看不到任何缺点的文章，只要大声朗读，那些缺点就会映入眼帘。朗读时，自己的注意力会集中在作品的字里行间，就能够对作品做出更严格的评价。"

韩国作家柳时敏也说过类似的话："如何给文章挑错？有个方法方便又简单，出声读一下文本吧。若是遇到很难张开嘴出声朗读的地方，或是听起来别扭的地方，又或者意思把握不准的地方，那肯定就是写错了或者写得不够好。"

朗读就像文章质量检验员，不仅可以检验别人的文章，也可以检验我们自己的文章。我每写完一篇文章，都会出声朗读以检验问题。如果不满意，我就会继续修改，直到自己满意为止。这种方法的确有助于提高文章的可读性。虽然我至今都没有找到科学的依据来证明朗读对写作的价值，但从经验来看，用朗读来提高写作水平是可行的。

什么时候朗读

上文讲过了朗读的价值，现在我们来看一下，什么时候适合朗读。

一个人在家读书时，你可以享受朗读的乐趣。

当你周末一个人在家读书、喝茶，感受慢节奏生活时，你可以把喜欢的散文、诗歌拿出来朗读。

我很喜欢泰戈尔的诗歌，他的诗歌很适合轻声朗读。

《飞鸟集》:"不要着急,最好的总会在最不经意的时候出现。纵使伤心,也不要愁眉不展,因为你不知道谁会爱上你的笑容。对于世界而言,你是一个人,而对于某个人,你是他的整个世界。"

《新月集》:"我把我的纸船投到水里,仰望天空,看见小朵的云正张着满载着风的白帆。"

《园丁集》:"你留下火焰般回忆,留我在记忆的孤灯里。"

读着这些句子,感受着它们传递出的画面,此刻的你不再是独自一人,陪伴你的有诗歌的作者,还有诗中的故事。

注意力不集中时,你可以进行朗读。

朗读可以有效缓解注意力不集中的问题。如果你在下班后读书,那么身体的疲惫和工作一整天后的思维倦怠会让你不断走神甚至犯困。这时候,你需要用朗读代替默读,边读边思考,从而缓解分心问题。当然,你也可以结合 A4 纸阅读法,在纸上写上那句"错过的不值 100 万",从而提升阅读效率。

对书的理解不透彻时,你可以运用朗读的方法。

在阅读一些难懂的文章时,朗读比默读更有效。让我们来看一下《穿透式学习》中的一句话:"我们要从次要的'果'的世界舞台退出,来到困难真正所在的'因'的心灵地带。"

乍读完这句话后,我无法理解其意义,虽然这句话并不长。于是,我转而进行朗读,借助文字的韵律感,大概明白了其含义:不要一遇到问题，就盲目行动，一心想尽快出成果，而应该分析一下，究竟是什么原因导致了眼前的困境。很多人都犯过类似的错误：他们认为主业工资满足不了自己的需求，于是研究起了副业方向；他们既想考注册会计师，又想学习短视频变现，什么都想学，但精力却不够，最后甚至耽误了主业，影响了家庭关系。

总之，默读会让你的目光从关键字上滑过去，最后导致无法读懂。而朗读可以让关键信息不被遗漏，还能利用听觉来加深理解。朗读不仅是学生的专利，对于成年人来说，也是一种不错的阅读方法。

读完记得牢，阅读更高效

你是否经常忘记刚读过的内容？前一天晚上读过的书，你第二天早上还能回忆起多少？德国记忆研究大师、心理学家赫尔曼·艾宾浩斯提出了著名的"艾宾浩斯遗忘曲线"，该理论认为，人的遗忘会在学习之后马上开始：一个人在学习1小时后会遗忘超过50%的学习内容，1天后遗忘大约70%的学习内容，1个月后遗忘大约80%的学习内容。也就是说，如果我们看了一本300页的书，1个月后大概只记得它的封面和主题了。即使你做了很多笔记，也很难回忆起书中的细节。叔本华说："要求读书人记住他所读的一切东西，就如同要求吃东西的人把他吃过的东西都保存着。"

为什么我们如此健忘？美国斯克利普斯研究所的研究显示，我们的大脑在遗忘方面十分主动。因为世上并非只有好事，如果大脑无法遗忘不好的事情，我们肯定会心力交瘁、疲惫不堪。为了生存，我们必须遗忘。但是，我们付出宝贵的时间来学习，就是为了记住某些信息，遗忘的倾向是令人沮丧的。

有一个高效的方法可以抑制我们的遗忘倾向，那就是"笔读法"。

什么是"笔读法"

我们都听过"不动笔墨不读书""好记性不如烂笔头"这样的话，它们表明了"笔读法"的价值。所谓"笔读法"，是指在读书过程中用画线、做记号、贴标签等动作来协助阅读的一种方法。

我向很多人推荐过"笔读法"，但他们大都担心，在书上勾画太多会影响自己获得新的感悟。对此，我建议大家用便笺纸代替在书上勾画。具体形式并不重要，重要的是你动笔勾画这个动作。

刚参加工作那两年，由于工作压力不大，我在通勤途中和外出路上，通常会随身带着书、笔、便笺纸，一有空就在书上或便笺纸上写写画画。不知不觉中，我读了很多书。不过，我也在那时养成了勾画的习惯，以至于以后读书时，必须有纸笔在身边，哪怕是看电子书，我也要把纸笔放在手边，方便随时勾画。"A4纸阅读法"正是从这个习惯脱胎而来的。

当然，我们没有必要刻意勾画。在书中看到我认同的观点时，我会在一旁写下"认同"二字。此外，我还会针对不同的内容，采用画线、画重点符号、批注等不同的方式。一旦养成勾画的习惯，如果我们没有在重点内容附近画线或批注自己感想的话，就会像把到手的宝贝丢了一样难受。在有些情况下，我们可能确实找不到笔，这时，我建议大家通过语音或打字把想法记录在手机中，并标注上笔记对应的页码，等找到笔之后，再在书中相应位置处画线和批注。

为什么一定要试试"笔读法"

"笔读法"是对抗遗忘的一种重要方法，除此主要作用外，"笔读法"还有很多好处。

首先，"笔读法"可以帮我们找到书中的精髓。

想象一下，如果我们对一本书中的重要内容都做了标记，扫读时就能快速找到所需信息。假设一本书有280页，我们用扫读法从头到尾读下来，至少也要1~2小时，花费8小时甚至更多时间也不是没有可能的，但如果只读画线部分和做过批注的地方，我们半个小时就可以读完。所以，**如果你需要在短时间内找到所需要的关键信息，那么"笔读法"会是你的最大助力。**

"笔读法"可以让我们与从前的自己进行更深刻的交流。

我在上文提到，重读是自我的时光旅行。如果你用"笔读法"读过一本书，当你重读时，就能够通过真实而明显的勾画和批注，触碰到从前的自己。当你看到书中的画线句时，你可能会对自己说："我以前就觉得这里写得不错嘛。"当你看到画了重点符号的地方时，你可能会想："看来当时很有感触嘛！"当你看到"认同"两个字和感叹号时，你可能会想："当初我看到这里时一定很兴奋，很喜欢这段话。"

斯坦·佩斯基说："好读者一定有百万本自传。"从这些画线、重点符号和批注里，我们能看到当时的自己。书上的一笔一画，不正是我们撰写的自传吗？如果我们在读书时不留痕迹，又怎么能算得上拥有百万本自传的好读者呢？只有在书的空白处留下我们的所感所想，才能让这本书成为拥有个人烙印的、独一无二的专属物。

"笔读"的过程，是一本书的形态发生改变的过程，也是一个人的认知发生改变的过程。对于书来说，你是个陌生的读者，对于你来说，这本书又像是一本在不断更新的书，常看常新。当我筹备这本以读书为主题的书时，我重读了很多书。正是因为我重读的每一本书上都留有我的痕迹，所以重读过程很快乐，也很高效。打个比方，当我看到某本书的某页上标注着"小小钱"（我儿子的名字）时，我就能清晰地回想起我当时的所感所想，回忆起我当初试图用书中的方法解决小小钱的某些问题，还会在脑海中浮现他小时候的样子。在"笔读"的过程中，那些书的内容以全新的面貌复活了。

从读者到抄写者

当然，除了上面提到的勾画和批注，面对一些重要内容，我们还需要进一步处理。我们应该在读完一本书后，把其中令人印象深刻的内容单独抄写下来。抄写虽然比较麻烦，但有两方面好处。

如何有效阅读一本书

1. 比起阅读画线部分，阅读摘抄内容可以使速读效率最大化。把摘抄内容拍照或者扫描成数字文件，然后将文件存储在手机或电脑上，上传到云端，我们就能随时随地通过手机回顾这些内容，从而提高整体的阅读效率。

2. 摘抄可以为写作打基础。摘抄的文本中往往有很多好句子，我们可以通过摘抄来积累名言警句或美文诗句，同时向擅长写作的作者学习叙述逻辑和表达方式。你可以准备一个专门的摘抄本，看到心仪的句子后，就誊抄到本子上。

读书时，我喜欢把从书中摘抄的"金句"发到微信朋友圈，或者当作写作素材。在写这本书时，我也真切地体会到熟知大量名人名言对写作的巨大帮助，于是，我更加认真地收集起了名人名言。除了收集名人名言，我还会摘抄书中提到的方法。当我们用主题阅读的方式去摘抄书中的方法时，形成的笔记就能变成我们的讲义。例如，我曾通过主题阅读法学习了时间管理的相关内容，在此期间我摘抄了大量的内容，最后形成了一套时间管理课。

仔细翻阅自己摘抄和整理的内容后，你会从中发现知识的脉络，并且不自觉地想把这一脉络整理出来，用自己的语言将其核心观点表达出来。于是，你生发出发表自己意见的欲望。现在，你从读者向作者过渡的准备工作已经完成了，接下来迎接你的是阅读后的输出过程，那是另一番广阔天地，我们一起去看看吧！

第4章 高效能阅读

技能篇：高效能阅读

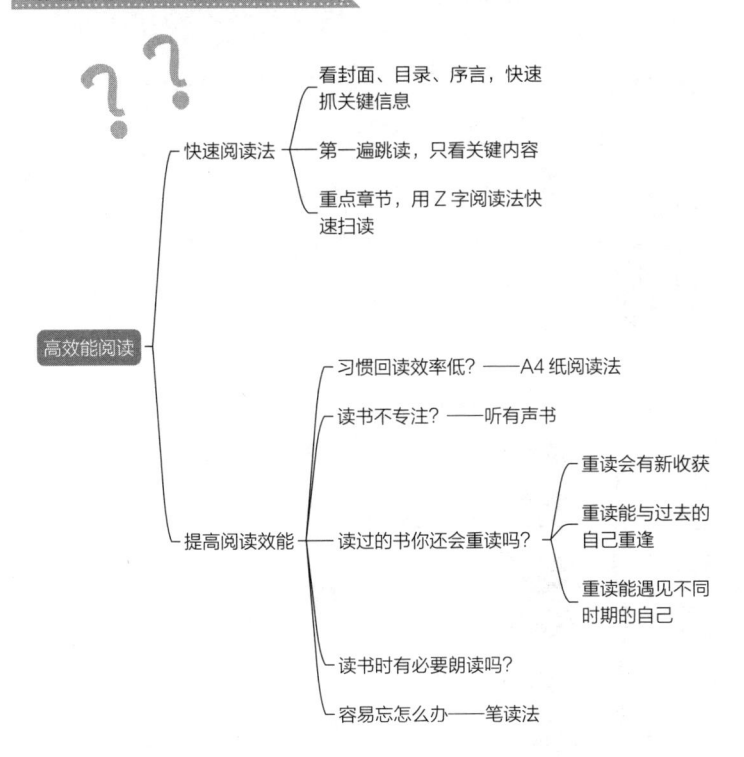

- 高效能阅读
  - 快速阅读法
    - 看封面、目录、序言，快速抓关键信息
    - 第一遍跳读，只看关键内容
    - 重点章节，用Z字阅读法快速扫读
  - 提高阅读效能
    - 习惯回读效率低？——A4纸阅读法
    - 读书不专注？——听有声书
    - 读过的书你还会重读吗？
      - 重读会有新收获
      - 重读能与过去的自己重逢
      - 重读能遇见不同时期的自己
    - 读书时有必要朗读吗？
    - 容易忘怎么办——笔读法

如何有效阅读一本书

技能篇：高效能阅读

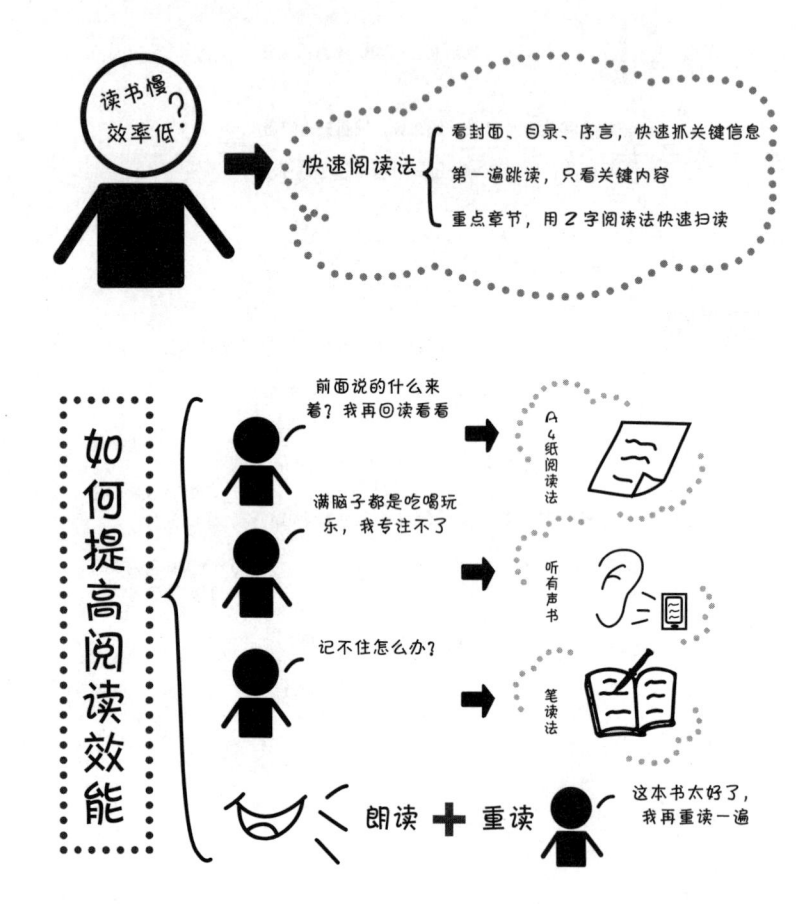

读书慢？效率低

快速阅读法
- 看封面、目录、序言，快速抓关键信息
- 第一遍跳读，只看关键内容
- 重点章节，用Z字阅读法快速扫读

如何提高阅读效能

前面说的什么来着？我再回读看看 → A4纸阅读法

满脑子都是吃喝玩乐，我专注不了 → 听有声书

记不住怎么办？ → 笔读法

朗读 ＋ 重读　这本书太好了，我再重读一遍

第5章
读后输出,把读过的书变成财富

本书的主题是如何有效阅读一本书，所谓的有效阅读，除了高效输入，还要能够输出，只有这样才能实现有效阅读的闭环。

读书后的输出是一个学以致用的过程。如果阅读只停留在读的层面，不管你读了多少书，能给你带来的改变都非常有限。输出非常重要，下面我就为大家梳理一些学得会、用得上的输出方法。

读书笔记：输出的基础

你在读书的过程中会随手做笔记吗？你会记录哪些内容呢？

我刚开始读书的时候不懂怎么做笔记，只是把印象深刻的句子直接摘抄下来。然而，这样摘抄很浪费时间，而且我事后整理笔记时很难快速查找到书中的相关内容。尽管花了很长时间去抄录大段文字，但真正记住的内容并不多。

后来，由于越来越忙，我不得不开始探索更高效的做笔记的方法（见图5.1）。经过几年反复尝试，我总结出几种做笔记的高效方法，并且根据耗时长短将其分成5分钟笔记法、10~15分钟笔记法、30分钟笔记法和两个小时笔记法。

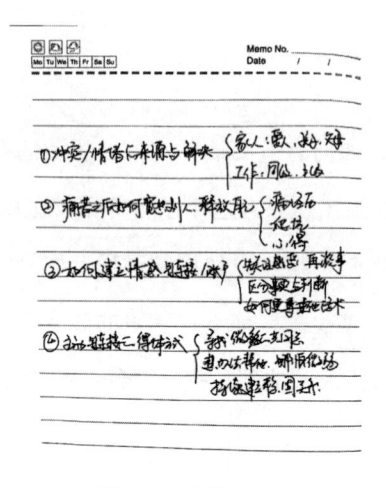

图 5.1　我的笔记

5 分钟笔记法

短短 5 分钟，抄书都抄不了多少，能做多少笔记呢？其实，只要你打开思路，用对方法，就能记住很多内容。

如果你在读纸质书，你就可以直接在书上或方形便利贴上写下你此刻的感想。如果你在读电子书，你就可以利用电子书的"画线""写想法"等功能来做笔记。无论采用哪种形式，5 分钟笔记法的要点是简单、快速、及时地做记录，记录的内容通常包括回顾和联想（见图 5.2）。

·回顾：概括刚刚读过的内容，可以一段段地概括，也可以读完几段再一并概括。

• 联想：写下这段文字所引发的联想，比如灵感、启发或感受等。

由于 5 分钟很短，你不必太在意自己概括得是否准确，也不必强求自己马上想到如何运用书中知识，而应该带着"理解一点是一点"的心态去看书。在阅读时间有限的情况下，不要给自己设定宏大的目标，因为那会增加你的压力，让你渐渐失去看书的动力。

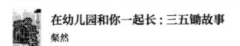

图 5.2　记录联想

5 分钟笔记法的关键是在你读过的文字旁留下痕迹。这些痕迹不仅包含你画的线，还有你对所读内容的思考。当你重读这本书的时候，这些痕迹有助于你快速抓住重点，大幅度提高阅读速度。

10～15 分钟笔记法

如果你现在有 10～15 分钟可以用来阅读，我推荐你用手绘的方法做笔记。不要太在意你的绘画技术，因为在大部分情况下，箭头、线段等简单的图形就可以展现知识点之间的关系（见图 5.3）。

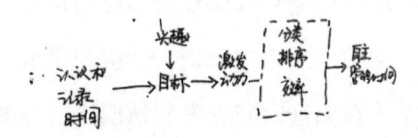

图 5.3　用箭头、线段等方式画出知识点之间的联系

当然，你也可以进一步把书中的知识点图形化，因为文字比较抽象，不太利于记忆。借助长方形、箭头等图形，把你读到的内容展示出来，可以大大提高理解和记忆知识的效率（见图 5.4）。当然，一般人在 10～15 分钟的时间内画不出太美观的图。手绘只是辅助阅读的手段，而不是目的。所以，不必追求美观，只要有助于消化理解书中的内容就好。

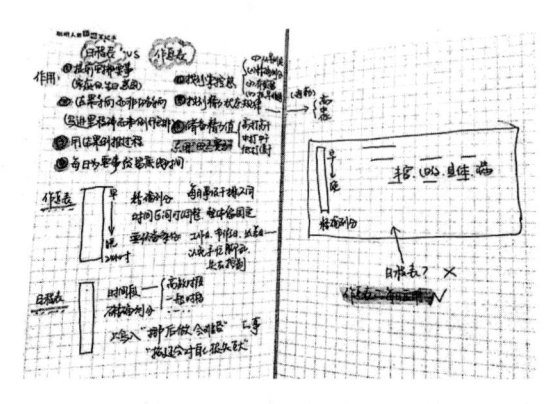

图 5.4　日程表和作息表的手绘笔记

值得注意的是，即便是文学类书籍，你也可以通过画笔记的形式，加深记忆。下面两张图是我在读村上春树的《毛茸茸》时画出来的（见图 5.5），这些图并不美观，但足以让我至今牢记书中的内容。

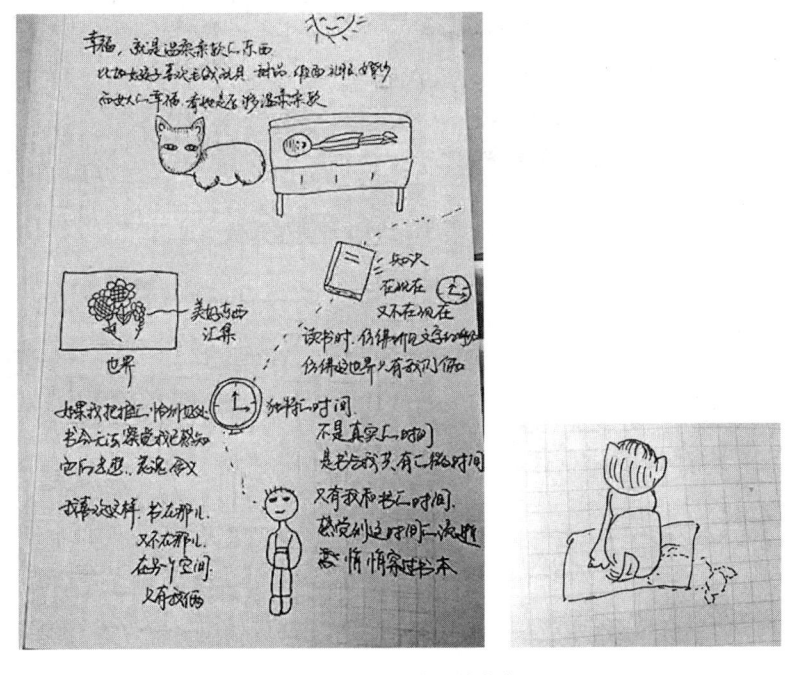

图 5.5 读村上春树《毛茸茸》所画图

如果把图画跟知识点结合起来，化抽象为形象，记忆效果会更好。下图是我思考 DISC 四种行为风格时画的，能让四种典型性格的各种特征一目了然（见图 5.6）。

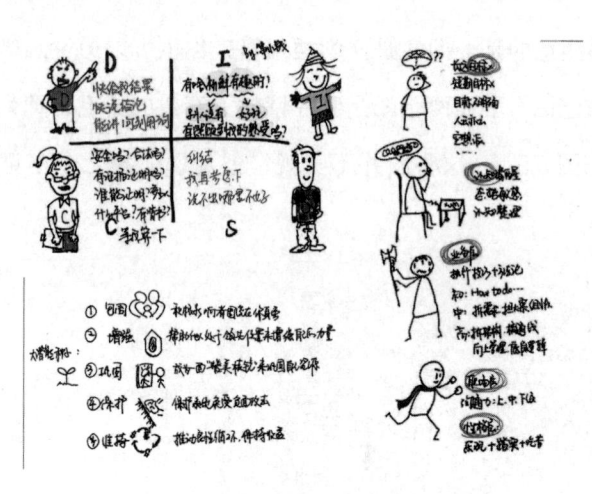

图 5.6 　DISC 对应的 4 种典型性格

有时候，书中包含多个人物和场景，复杂的人物关系或场景容易让人产生混乱。把不同的人物或场景手绘成简笔画，再加上简单的文字说明，有助于我们更好地区分和理解。

30 分钟笔记法

如果有 30 分钟左右的时间可用，你完全可以用笔记好好梳理一下书的整体逻辑。根据我的经验，30 分钟笔记法的最佳工具是思维导图。思维导图是一种表达发散性思维的有效工具，可以锻炼你的逻辑思维能力和要点提炼能力。我们可以花 20～30 分钟画出一个章节的思维导图：先概括本章主题，以此为思维导图的中心主题，然后把本章的各个小节列为二级主题，最后在各个二级主题下写下我们摘录、勾画的重点，一幅简单的思维导图就完成了（见图5.7）。

我们可以按照这个方法，每读完一章，就梳理出该章的框架，把自己认为重要的内容囊括进来。把所有章节的框架梳理完之后，再将它们合并在一起，全书的框架就出来了。

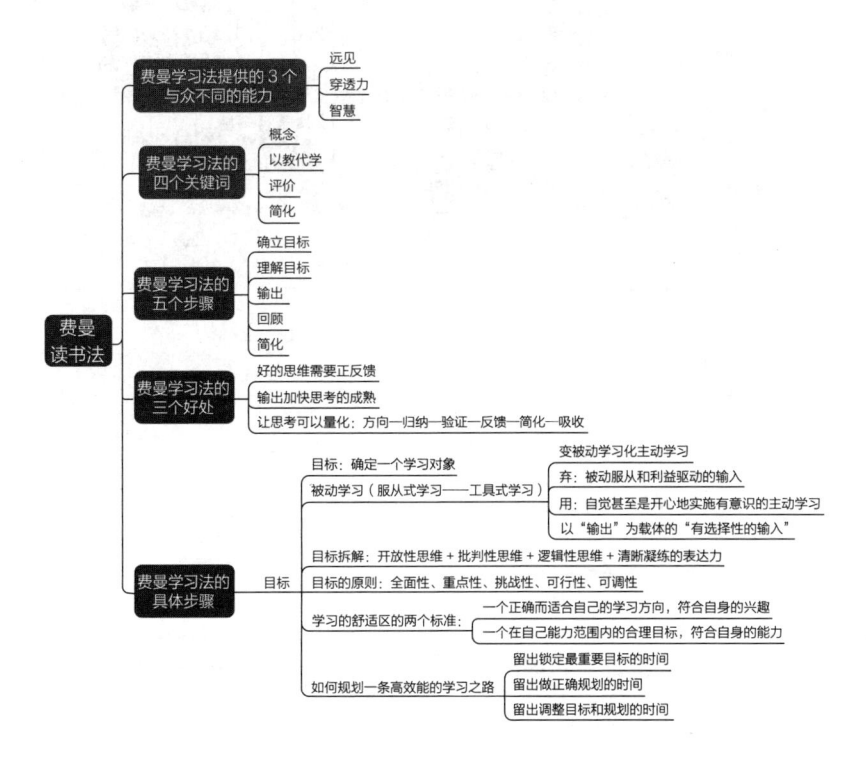

```
费曼读书法
├── 费曼学习法提供的3个与众不同的能力
│   ├── 远见
│   ├── 穿透力
│   └── 智慧
├── 费曼学习法的四个关键词
│   ├── 概念
│   ├── 以教代学
│   ├── 评价
│   └── 简化
├── 费曼学习法的五个步骤
│   ├── 确立目标
│   ├── 理解目标
│   ├── 输出
│   ├── 回顾
│   └── 简化
├── 费曼学习法的三个好处
│   ├── 好的思维需要正反馈
│   ├── 输出加快思考的成熟
│   └── 让思考可以量化：方向—归纳—验证—反馈—简化—吸收
└── 费曼学习法的具体步骤
    ├── 目标：确定一个学习对象
    ├── 被动学习（服从式学习——工具式学习）
    │   ├── 变被动学习化主动学习
    │   ├── 弃：被动服从和利益驱动的输入
    │   ├── 用：自觉甚至是开心地实施有意识的主动学习
    │   └── 以"输出"为载体的"有选择性的输入"
    └── 目标
        ├── 目标拆解：开放性思维 + 批判性思维 + 逻辑性思维 + 清晰凝练的表达力
        ├── 目标的原则：全面性、重点性、挑战性、可行性、可调性
        ├── 学习的舒适区的两个标准
        │   ├── 一个正确而适合自己的学习方向，符合自身的兴趣
        │   └── 一个在自己能力范围内的合理目标，符合自身的能力
        └── 如何规划一条高效能的学习之路
            ├── 留出锁定最重要目标的时间
            ├── 留出做正确规划的时间
            └── 留出调整目标和规划的时间
```

图5.7 思维导图

是不是每本书读完后，都要画一幅思维导图呢？其实不必。读书输出的目的在于思考和记忆书中内容，至于呈现形式如何，取决于我

们更擅长哪项技能。比如，我以前很喜欢画出知识框架，再搭配一些卡通元素，从而形成一幅具有输出价值的框架图（见图5.8）。

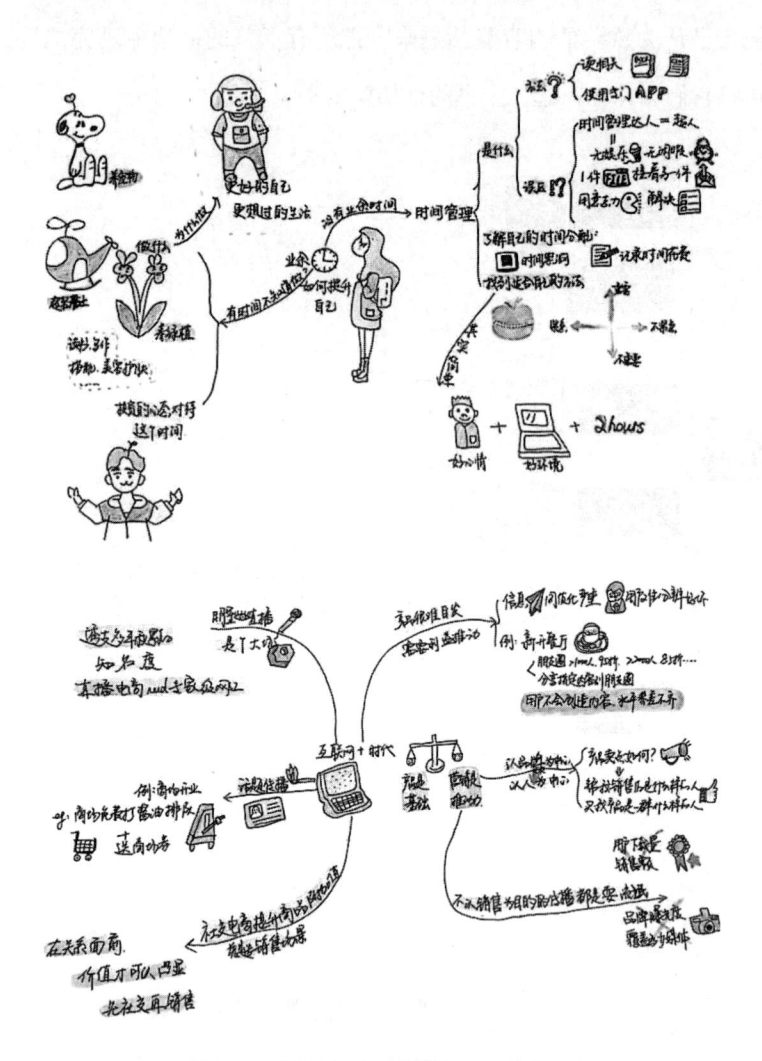

图5.8 搭配卡通元素的知识框架图

我还学习过视觉笔记,图 5.9 是我读《逻辑思维只要五步》这本书时画的笔记。它是一种融合了逻辑结构、视觉呈现的笔记画法。

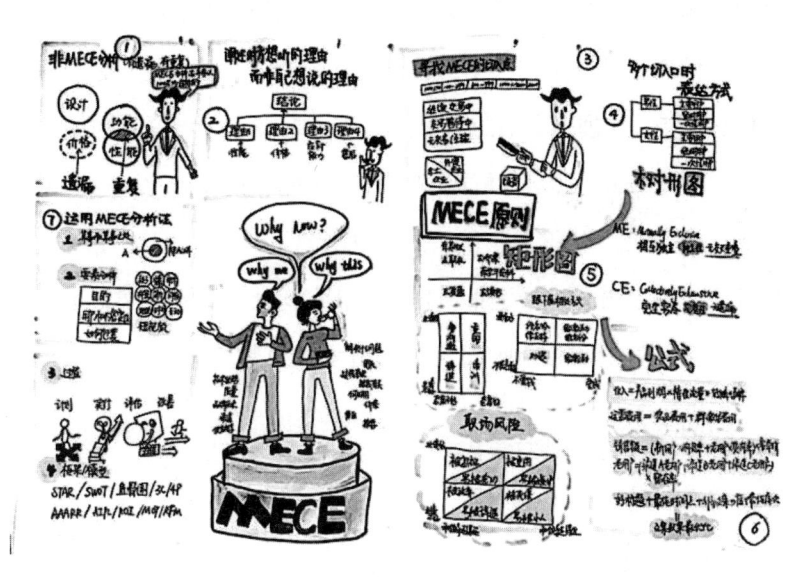

图 5.9 视觉笔记

不过,我要提醒大家,千万不要为了追求画面的美感,在社交媒体上获得点赞,而在笔记装饰上花费太多时间,那样就本末倒置了。我们记笔记的目的,从来不是给他人欣赏,而是帮助自己加深理解,便于回忆书中内容。

此外,我们还可以通过做电子版的读书笔记来提升阅读效率。该如何做电子版读书笔记呢?我推荐使用"合并同类项法"。

合并同类项法

合并同类项法，是指对书中的精华和干货进行提炼、整理，重新排序，从而使其框架更清晰地呈现出来，此方法多用于形成方法类图书的读书笔记，也是我们形成多种形式的读书笔记的前提。例如，在做PPT读书笔记（下文会讲解其妙处）之前，我们必须提炼精华和干货，梳理一本书的框架，此时就要用到"合并同类项法"。

下图是我运用"合并同类项法"整理出来的笔记片段（见图5.10）。该笔记片段按照"是什么""为什么""什么时候""怎么做"的顺序对原书内容进行了重新排序，并且此处只记录框架，不记录细节。为方便查看原书细节，我标注了相应页数。

合并同类项法示例

1分钟讲话

- 是什么：1分钟讲话+
- 痛点：
  - 为什么我们说话磨叽，成人后说话爱绕弯 P34
  - 为什么我们讲话铺垫太长，P49
- 为什么：有啥好处
  - 表层原因 P2
  - 深层原因：听者都是容易厌烦的 P26+ 只有简短的话能在人的电脑中留存 P31
  - 好处：话短了，别人对自己的评价就会高（书中的例子包装，讲自己故事）P36
- 什么时候用：
  - 日常对话、拜托别人做简单的事儿、请求、回答、公司内部回报/联系/回忆、会议主持、自我介绍
- 怎么做：
  - 1分钟能讲多少字
  - 如何测试培养时间感
  - 1分钟讲话法的3种类型：图 P41（图不好理解，要重新设计，展开并添加适用场景）

图5.10　用合并同类项法整理出来的笔记示例

我将此方法分解为三步：罗列、合并、排序。

第一步，罗列书中的干货和精华。如果我们按照常规方法，边看书边做笔记，效率就会大打折扣。我在其他章节也提到很多快速形成读书笔记的方法，在这里我分享一下我是如何运用这些方法的。

搜读书笔记

我在前文提到过搜集读书笔记的渠道，如微信读书、豆瓣读书、简书、头条、搜狗微信等。在这些平台或网站上搜到你想要的读书笔记后，请将它们全文复制下来，粘贴在你自己的文档里。

标记笔记中不太理解的部分

看他人的笔记时，你多半会遇到难以理解的地方，因为每个人都有独特的笔记习惯。此时，请别急于回到原书寻找答案，先重新浏览一遍他人的笔记，将看不懂的地方做上标记，如加上底色，将所有难点都标记出来后，你再回到书里面找答案，这样效率更高。

快速看书查漏补缺并丰富笔记

你可以用前文提到的快速阅读法，也可以用其他有助于快速阅读的方法，浏览笔记中被标注的部分，然后试着用自己的语言重新表述作者的观点。

如果你发现笔记有遗漏，可以将遗漏的内容补充到相应章节笔记的最后。形成笔记时也有比较快捷的方法，如使用语音输入法，或使用扫描全能王来扫描纸质书，或使用手机的拍照提取文本的功能，而不要将文本逐字录入。

罗列书中干货和精华后，我们进入第二步：合并同类型内容。

合并同类型的内容，就是把意思相近的部分合并到一起。比如，某本书的第四章与第一章有部分内容相似，你就可以把笔记中第四章的相应部分挪到第一章。如此精简笔记，更便于你梳理这本书的知识结构。否则，梳理和概括一篇上千字的笔记，就要耗费相当大的精力。

很多人做笔记时都少了"合并"这一步，从而导致笔记的内容虽然丰富，但结构不清晰，温习时要消耗更多时间。

怎样进行合并呢？具体操作是：对照笔记，逐段概括中心思想，给每段加上一个小标题，将几个小标题合并成一个大标题，从而让文章的结构越来越清晰。

完成合并这一步后，我们再对笔记内容进行排序。

我们可以按照一定的逻辑进行排序，如"痛点—原因分析—解决方案"的逻辑，或者"书中精华点列举—逐点讲解—总结"的逻辑。选择怎样的逻辑，取决于你想通过这本书获得什么，以及这本书本身的内容安排。

为了方便读者进一步理解这种方法，我以《番茄工作法》一书为例进行讲解。

怎样整理《番茄工作法》这本书的干货和精华呢？

第一步，罗列。

我从网上找到一篇笔记，这篇笔记如实呈现了原书的章节顺序，于是我重新命名了笔记中的小标题（见图5.11）。

> 我们焦虑的本质原因：
>
> 番茄工作法为什么有效：
>
> 这个方法怎么来的？
>
> 为什么你过去认为番茄钟不好用？
>
> 3. 制作时间表
>
> F5个阶段
>
> 准备事项：
>
> 使用步骤：
>
> 使用注意事项：
>
> 1. 没有半个或者四分之一的番茄钟，最小单位是一个番茄钟。
>
> 2. 休息时间，就是要休息，不要继续干。即便你坚信再多给几分钟也要休息。
>
> 3. 4个番茄时间为一组
>
> 除了抗干扰，F还有什么用？
>
> 最大目的：抗干扰
>
> 1. 内生干扰：在工作期间，这些干扰或者拖延的方式
>
> 内生干扰处理最有效的方法：
>
> 2. 外在干扰
>
> 番茄时间的性质：

图5.11　重新命名小标题

第二步，合并。

从上到下浏览一遍目录，尝试对大标题进行重新概括，比如：

如何有效阅读一本书

为什么我们需要番茄工作法

番茄工作法为什么这么有效

认为番茄钟不好用的人，如何用错了

在番茄工作法的使用步骤中，最容易被忽视的细节是什么

除了抗干扰，番茄钟还可用于做什么

我们的注意力是如何被干扰的

持续使用番茄钟的关键是什么

第三步，排序。

思考自己为何读这本书，然后重新排序：

对番茄工作法的认识误区和认知缺失有哪些

番茄工作法如何帮助我解决问题

除了抗干扰、提高专注力，番茄工作法还有什么作用

最终的排序没有统一答案，你可以根据自身的问题进行调整。

两个小时笔记法

如果时间再充裕一些，你有两个小时做笔记，就可以系统地梳理一本书的内容，比如做读书笔记PPT。以PPT的形式输出读书笔记，既能呈现一本书的知识脉络，也有助于与作者产生联系。

我有一个朋友非常喜欢读《斗罗大陆》这部小说，于是做了一套关于这部小说的读书笔记 PPT，将其发布在微博上并 @ 唐家三少。这套 PPT 得到了唐家三少和众多《斗罗大陆》粉丝的转载和热议。我朋友精湛的 PPT 技能在做读书笔记这件事上大放光彩。

所以，使用 PPT 去整理并输出读书笔记，让我们有机会接触并联系上作者。下图是我发布的读书笔记 PPT 的微博（见图 5.12），这条微博被图书作者秋叶大叔转发后，阅读量突破了 10 万人次。

图 5.12　我发布的读书笔记 PPT 微博截图

做出这样的 PPT 很困难吗？其实在阅读一本书的过程中，你可以每读完一章，就做一下这一章的笔记，并用 PPT 记录下来。我以"目标管理"为例，手把手教你做读书笔记 PPT。

第一步，从原书中提炼精华和要点，一个知识点做一页 PPT。

新手做读书笔记 PPT 时可以采用 PPT 模板，无须改变样式，只更改文字部分即可。下面这张 PPT 是由标题、天平和两边的文字组成的（见图 5.13），你可以暂时不考虑美观问题，只要把文字替换为你整理出的阅读笔记，这张 PPT 就完成了。

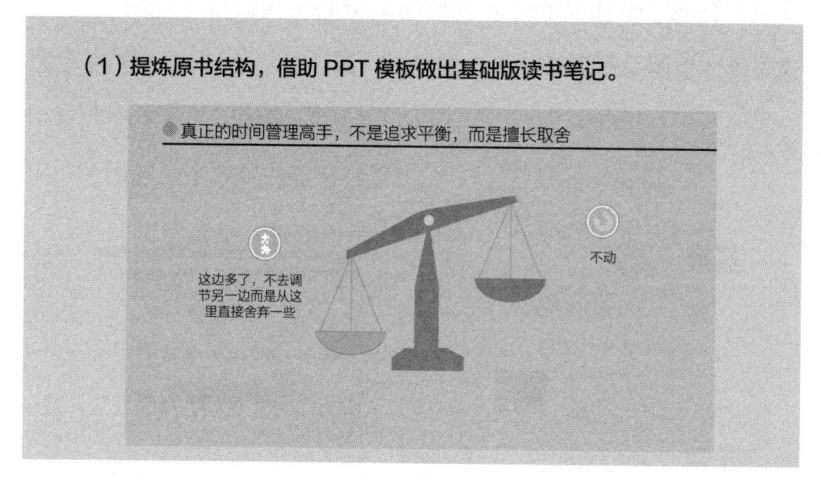

（1）提炼原书结构，借助 PPT 模板做出基础版读书笔记。

图 5.13　PPT 模板

如果展示一个知识点需要两页 PPT，那么展示一章内容通常需要 20 页 PPT。

第二步，对笔记进行概括，将其分为三到四个部分。

对笔记进行概括的目的是，便于在复习时更快找到重点。以我的阅读笔记为例，我通过第一步的方法，把《时间管理 7 堂课》第一章"目标管理"的知识点做成了 13 页 PPT，但后来发现，这个 PPT 没有层次感，重点不突出，于是试着将这 13 页内容分成三到四个部分，亦即概括成三到四个标题（见图 5.14）：

- 你离时间管理高手有多远
- 如何搞定大目标
- 日常如何做好时间决策

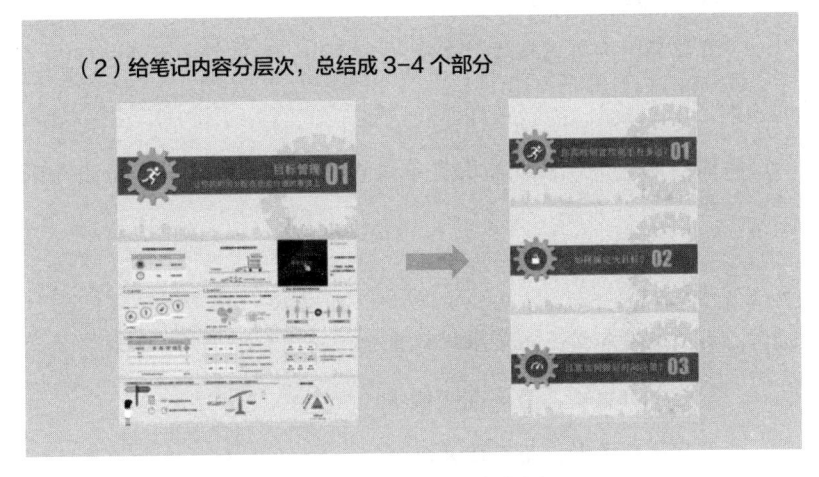

图 5.14　将笔记内容分层

第三步，调整每一页的标题和对文字进行总结。

为什么要调整每一页的标题和对文字进行总结呢？因为 PPT 偏重于用图形进行展示，你的注意力可能会率先被图片吸引，导致理解出现偏差。你要用凝练的标题和总结性的文字，概括这页的主要信息。

例如，下面几个标题就是字数太多，不够精练，无法让人快速抓住要点：

· 时间管理高手用九宫格管理目标

· 时间管理高手会主动选择：为了目标会主动牺牲一段时间内的平衡感

· 真正的时间管理高手，不是追求平衡，而是擅长取舍

请你对比一下，修改后的标题是否比原先的标题更容易让人抓住要点：

· 不是平均分配，而是根据权重

· 不是全面兼顾，而是有所牺牲

· 不是追求平衡，而是擅长取舍

· 不是没有好奇，而是克制欲望

· 不止一个方案，还有 plan B

另外，对于那些很难看懂的图形，你要在下面加上总结性句子。下图中左侧 PPT 的标题是"时间管理高手做每件事都很高

效?"人们只看图形并不能快速理解它想传递的意思。这时候，你可以用一个总结性句子来辅助说明，如下图右侧PPT那样（见图5.15）。

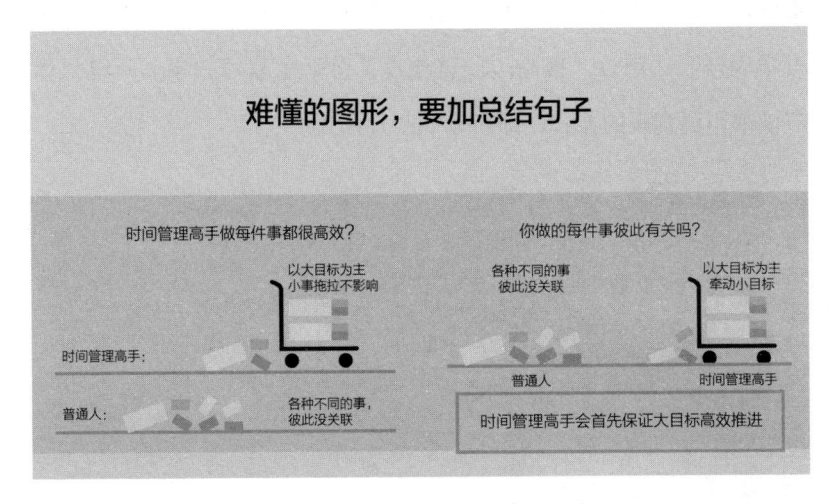

图5.15 为难懂的图形添加总结句

首先，在标题与读者之间建立联系，把"时间管理高手做每件事都很高效?"改为"你做的每件事彼此有关吗?"，然后再加一句总结语"时间管理高手会首先保证大目标高效推进"。

这样，你在复习回顾时，能更快抓住重点。

第四步，少用图表、公式，多用图像。

图表、公式不太容易理解，制作带有图表或公式的PPT也相当耗时，过多的图表或公式可能会降低复习效率，所以，我们应该尽量用图像来代替包括文字、图表和公式在内的其他内容。

以图 5.16 为例，左侧 PPT 的标题是"时间管理高手没有休闲娱乐？"该页 PPT 上的图表本想表达的意思是：时间管理高手能一边吃饭，一边谈生意，还能在看电影的同时顺手写影评。但是，在这里用表格表达观点，提高了阅读难度，降低了复习效率。所以，你应该采用更直观的方式，即右侧的图片形式。

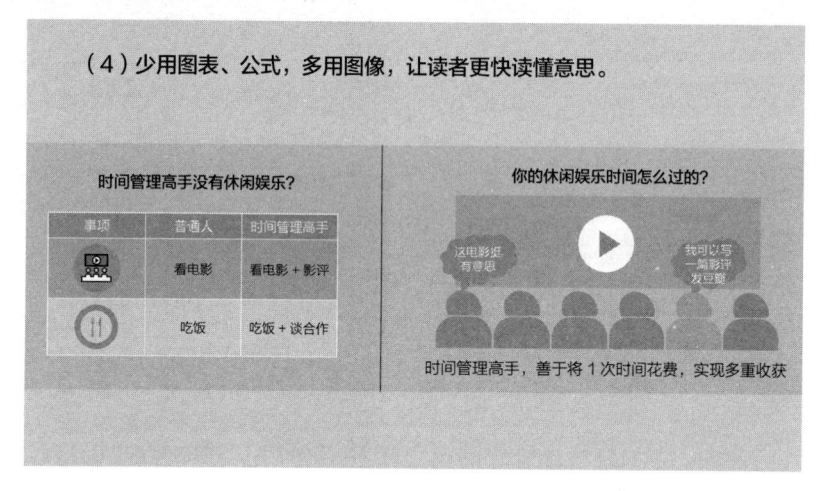

图 5.16　两种 PPT 风格

下面我来讲解一下我的修改思路：

原来的表格列出了两个事项：看电影和吃饭。我们选择其中一项作为图片的主题。表格对比了普通人和时间管理高手看电影时的不同。这里我直接以对话气泡的形式来展现他们的不同想法。我们可以看到，在右侧 PPT 上，有个人看电影时冒出了"这电影挺有意思"的想法，另一个人的想法是"看完电影后，我可以写一篇影评发到豆瓣上"。我们最后配上一句总结语：时间管理高手，善于将 1 次时间花费，实现多重收获。

第五步，美化 PPT 细节。

如果 PPT 笔记的初稿比较粗糙，我们可以对其细节进行美化。需要注意的是，美化 PPT 的目的是适配你的阅读习惯，方便使用。不用刻意追求时尚或设计风格上的美感，因为其阅读对象主要是你自己。只要 PPT 能帮你更快回想起书中的知识点，它就是不错的。

我建议你将最终完成的 PPT 笔记发布在微博、小红书、豆瓣等平台上。一方面是为了记录你自己的读书过程，另一方面是方便你在电子设备上通过搜索关键词来查询相关内容。

除了 PPT，形成笔记的方式还有很多，你应该根据自己的可用时间来选择合适的方式，不要为了追求某种形式而忘记做笔记的实质。无论什么形式的读书笔记，其核心目的都是方便自己理解和记忆。

荐书稿：稳定的输出方式

短视频平台的巨大流量，让越来越多的人想要加入视频博主的行列，但是，很多人都在为不知道制作什么样的内容而头痛不已。原创内容需要大量的知识储备，模仿别人的创意又不能带来稳定的流量，那么怎样才能持续稳定地输出视频内容呢？你可能在抖音、快手等平台上看到过别人的荐书视频，还可以通过视频下方的链接直接下单买书。你肯定也想学习这种带货方法吧？

其实，荐书带货的一般方法在网上不难搜到，关键在于：你的视频内容能不能吸引观众，让观众饶有兴致地将其看完，并刺激观众下单。解决这些问题的有效方法就是练习写荐书稿，即荐书视频的文案，这样的短视频文案一般仅需要260字左右。

种草型和带货型荐书稿

荐书稿通常有两种类型，一种是种草型，另一种是带货型。我们先来看一个种草型荐书稿的案例。

做什么事儿都是三分钟热度？不是你的毅力不足，而是策略问题。羡慕别人的好身材，但刚运动几天就放弃了？想养成早起的习惯，结果还是赖床最来劲儿？《微习惯》作者斯蒂芬·盖斯指出："无法让改变持久，不是个人原因，而是策略问题。"我们一直认为，树立远大目标，经历苦和累，遭遇高强度的意志力消耗，才能实现涅槃重生。但作者却用"每天至少做1个俯卧撑"的坚持成为健身达人，向我们证明了只有微习惯才能骗过大脑潜意识，帮助我们不断实现微目标，通过日积月累实现质变。如果你也想改变，就看看《微习惯》，这本书可以助你轻松从平凡走向不凡。我是筝小钱，关注我，陪你读好书。

种草型荐书稿的目的是引发他人对某本书的兴趣。我不会直接推销这本书，而是把它的价值告诉大家。毕竟我的账号不可能全都是卖书视频，否则观众不仅会审美疲劳，还可能反感那些推销书的视频。

下面是带货型荐书稿：

唱歌总跟不上伴奏？不是你五音不全，而是你没掌握方法。只剩一周就要参加比赛了，参赛歌曲练了无数遍却越唱越快，离了原唱就跟不上伴奏，这可怎么办？别担心，这都是因为音乐节奏没掌握好，快来看看《五线谱入门基础教程》吧。书中有大量的节奏和视唱练习，可以手把手带你找准节奏，打好唱歌基础。看完这本书,唱起歌来就能和原唱同进同出,以后只要跟着伴奏,就能唱出优美动听的歌曲,轻松通过歌唱比赛,收获一众粉丝。今日出版社直发,1本仅需××元,全国包邮,喜欢就赶紧下单吧。

由此可见,带货型荐书稿的内容非常直白,目的就是让观众下单。

如何写荐书稿

很多人提起写作就头痛。其实,写作是有规律可循的,像荐书稿这样的功能性文本,就更容易找到现成的模板。比如,种草型荐书稿的模板是"开头直陈痛点+引出观点和书籍+书里解决痛点的方法+结尾",带货型荐书稿的模板是"开头直陈痛点+引出书籍+强调书籍可以从哪些方面帮助观众解决痛点+推销",我们可以在这些模板的基础上添加带有自己特色的内容。具体写法可以参考以下步骤:

第一步,寻找主题。主题就是一篇荐书稿想要给读者推荐的核心观点。例如,一篇荐书稿旨在讲述"定位"的重要性,那么其主题就是"定位"。

第二步,根据主题来思考痛点。仍以"定位"为例,有关定位的痛点有很多,这里选择"定位模糊、经常更改定位的人,会面临什么样的问题"。

第三步，从书中找到方法论，即解决痛点的主要方法。

完成以上三步后，我们已经勾勒出荐书稿的大致轮廓：开头先写不懂定位的人会遇到什么样的问题，然后引出观点，用"其实这样的问题就是因为你不懂定位，而这本书就提到了'定位'"这句话来引出这本书，接着讲述书中关于定位的意义和方法，最后以推荐购买或者总结性语句收尾。厘清思路后，我们就可以写初稿了。

荐书稿写作中的常见问题

问题一：选题太大。

以《扛住就是本事》一书为例，如果你以"这本书讲了七种方法，告诉你怎样才能扛住事"为切入点，你的荐书稿就会特别宽泛，读者就会觉得，除了复述书籍目录，你什么都没展开说。这样的视频，很难激发他们的购买欲和阅读冲动。

正确的做法是，找一个涵盖内容、涉及话题较少的主题。《扛住就是本事》这本书里的第一个方法是"底层逻辑"，你就可以以此为切入点，讲一下因为缺乏底层逻辑而出现的问题，然后再说之所以出现这个问题，是因为缺少底层逻辑，《扛住就是本事》这本书就是在说底层逻辑……

问题二：选题太小。

像"怎么做到独处半小时"这样的主题就太小了，关注的人很少。所以，请尽量选择大众感兴趣的主题来写。

怎样判断自己写的荐书稿的质量呢？我给大家分享一套自检清单：

1. 看完后有种想看书或者有买书的冲动。

2. 用于视频文案，符合视频平台的风格。

3. 开头50字吸引人，因为如果5秒内无法吸引观众，观众就会滑过去。

4. 视频最佳时长为45秒，所以文案字数应为260字上下。

图书带货视频的录制和发布流程

视频制作分为文案撰写、视频录制、视频剪辑、上传、发布视频四个步骤。

步骤一：文案撰写。

这一步主要是提前准备视频文案，撰写视频文案时可以参考前文提到的荐书稿的写法。

步骤二：视频录制。

这一步主要是将自己的动作和声音录下来。录制视频时，背诵文案对新手来说比较困难。有一种简单的解决方法：你可以用手机下载一个提词软件，导入写好的文案，然后打开视频录制软件，文案会自动显示在你的手机屏幕上。这样一来，你就能对着镜头，自然地念出文案。我常用的提词器软件有"提词宝"和"提词器"。

步骤三：视频剪辑。

对于刚开始接触视频剪辑的人来说，只要学会添加字幕、背景音乐和封面即可，不需要做太复杂的特效。很多剪辑软件都能自动识别字幕，并提供一些常用的背景音乐。视频的画布尺寸可以自由选择，如果你想把视频发布在抖音、快手等 App 上，我推荐使用 16∶9 或 9∶16 的尺寸。如果你想发布在微信视频号上，我推荐用 1∶1 的尺寸。常用的剪辑软件有剪映、快影等。处理视频封面的图片时，可以用美图秀秀、黄油相机、snapseed 等软件。

步骤四：上传、发布视频。

发布视频时，你要为自己的作品拟一个标题。标题既要切中主题，也要能吸引观众。

为了增加粉丝，我们要稳定地创作和发布作品，最好每周在固定时间发布两三个作品。用户活跃度高的时间段通常为中午 12 点前后和晚上 10 点前后，你可以选择在这些时间段发布视频。

其实，写荐书稿不光能带货，也是我们提炼自己阅读成果的过程。通过撰写荐书稿，我们能快速说出一本书为何值得一看。当你跟朋友推荐自己喜欢的书时，你不再只会说一句"特别好"，而是能讲出很多戳中他痛点、泪点、好奇点的内容。

书评：积累与变现共存

你可能觉得，一篇书评通常要引经据典、文采飞扬、鞭辟入里，需要博学多才的人，将一本书读透后才能写就，但其实，书评不需要那么高大上。我们写书评的目的只是针对某本书发表自己的见解，说说这本书有多成功、多有趣、多有用，是否建议读者阅读。

写书评前的思路梳理

我们需要想清楚书评是为什么样的读者而写的，才能确定从书中筛选哪些内容作为写作素材。

如何确定读者群体呢？我们可以从自己身边寻找具有代表性的读者。

方法类书评

选一个你认识的人作为你的读者代表。他知道自己存在什么问题，也想解决这些问题，但不知道该怎么办，你就可以用书评来帮助他。你可以写下他的标签：年龄、职业、痛点、痛点发生的场景。这有助于你扣紧读者的问题而写，而不是面面俱到，讲得多但没说透。

文学类书评

你可以找一个跟你一样喜欢文学的人，尝试向他分享一本书。设想一下，你拿着一本书，走到好朋友面前，要向他推荐这本书。你怎样谈论这本书（类似书评），才能让他主动翻开这本书呢？一旦想清楚了这一点，你下笔的时候就会更顺利。

在明确读者对象后，我们就可以确定书评主题了。一篇书评只有唯一的主题。你可能认为，评论一本书，就必须把它的精华全部说出来，不然就会误导读者。其实，这是一个认知误区。如果你从整本书的角度去写，就很容易写出空洞的文章。

举个例子，《写作7堂课》一书一共列举了七种写作方式，如果你从整本书的角度出发，就要把七种方式全部讲一遍。但一篇书评往往只有2000字左右，难道每种写作方式你只打算写300字？300字不足以讲清楚一种写作方式。如果读者无法深入了解这本书的主题，也就很难产生兴趣。

但是，如果你的主题是七种写作方式中的一种，如"复盘式写作"，读者就能理解得更透彻。至于其他的写作方式，你可以留在其他书评中讲解。一篇书评只能聚焦一个主题，但一本书可以有多篇书评。

如何写书评大纲

虽然书评各有不同，但是其框架结构大都由四部分组成：开头，话题引入；介绍书对于读者的价值；围绕读者期待，介绍书的部分内容；结尾，总结阅读收获。

书评跟读后感有所不同。读后感往往站在"自我"的角度，只写"我"的收获和感受。而书评是站在"读者"的角度，围绕读者的期待而写的。如果读者对这本书充满好奇，你就可以通过书评来引领读者探秘寻宝；如果读者带着困惑而来，你就可以通过书评给他答案；如果读者带着焦虑而来，你就可以借书中人物的成长经历，让读者重燃信心。为读者服务是书评的最大价值。

下面我分别讲解一下方法类图书和文学类图书书评大纲的写法。

方法类书评大纲的写法：

开头举出一个案例，然后分析得出痛点，引出观点，即书中作者的主张。

正文写出痛点出现的原因，面对痛点和问题，具体如何解决。

最后总结阅读感受。

文学类书评大纲的写法：

开头引出这本书的主题，然后指出这本书值得一看的理由。

正文围绕主题关键词展开，重点写人物成长故事对我们的启发，内容要夹叙夹议。

最后总结阅读感受。

只有让读者感觉你的书评"与我有关"时,他才会继续往下读。所以我们在写书评时,要思考每段话"是否紧密围绕读者期待而写"。

书评的价值

经常写书评,对我们有什么好处呢?

第一个好处是,你可以通过投稿赚钱。把书评投稿给有征稿需求的公众号,就能获得几十元到几百元的稿费。一般你会在3到7天内收到反馈,如果没有反馈,就是稿件没有通过。

你可以关注一些专门整理征稿信息的微信公众号,如"约稿投稿平台""文字俱乐部""全网投稿平台""投稿空间站",还有微信小程序"约稿投稿平台pro",里面有一些易过稿、急缺稿的征稿需求。

我们该如何提高中稿率呢?市面上大多数微信公众号是按照"基础稿费+阅读量奖励"的方式来征稿的,其中基础稿费有几十元到几百元不等,阅读量奖励是指稿件在发布后24小时内阅读量达到或超过一定指标,公众号会额外再给一笔稿费奖励。想提高中稿率,你需要从各个方面提升稿件的阅读量,包括打磨标题、戳中痛点,让文章具有启发性和触动性等。

如何有效阅读一本书

第二个好处是，你可以靠书评改变人脉圈层。我的一位学员写了一篇关于《道是风雅却寻常：宋人十二时辰》的书评并发布在豆瓣上，被该书作者魏策老师看到了，于是，他成功和魏策老师建立了联系，还获得了合作的机会。

我也有许多靠书评和作者建立联系的案例，比如《童年不缺爱》这本书的书评让我获得了出版社的赞许。《认知觉醒》的书评让我顺利联系上了该书的作者周岭老师。我靠着《社群营销实战手册》的书评联系上了该书作者秋叶老师，后来我还跟秋叶老师一起合作了《时间管理7堂课》和线上训练营。

与图书作者建立联系并不难，一篇简单的书评就可能帮你实现这个梦想。你甚至可以借此跟作者成为朋友，作者可能会给你提供很多意想不到的合作机会。

所以，你一定要长期坚持写书评，并且经常发布在头条、豆瓣、微博、小红书上，要让你的书评被更多作者、出版社看见。甚至你要主动靠近作者，通过公众号、微博，把你的书评发给作者，努力争取资源和机会。

第三个好处是积累个人品牌影响力。通过写书评，你能让自己的个人品牌得到认同。你的书评一旦在头条、百家号、豆瓣、小红书这些平台留下印迹，就会被很多人看见，甚至多年后依然有人在阅读。只要你针对某一问题或痛点提出了真知灼见，或是对某本书做出了出色的评价，那么当他人通过搜索引擎搜索相关问题或书时，你的书评的阅读量就会上升。

我当年给自己立了一个小目标：一周写一篇书评，一年写大约50篇。就算我没有靠书评赚到钱，我也增加了阅读量。所以，我也希望你能坚持每周写一篇书评，为自己的个人品牌影响力添砖加瓦。哪怕你现在还不熟练，写书评也能促使你多读书、反复读书，这也是一种收获，不是吗？

总之，书评就是站在读者的角度，借助书中的部分内容，给读者带来启发的一种输出形式。针对一本书，我们可以写出多篇角度不同、读者对象不同的书评，每个人都可以带着自己的书评相互交流，以书会友。人人都可以写书评，都可以通过书评分享自己的阅读收获，也都可以通过书评来帮助和启发他人。

社群领读：现代阅读新形态

你参加过读书会吗？跟大家一起读书的体验怎么样？近些年，线上、线下的读书会组织如雨后春笋般涌现，逐渐成为一种新的阅读形态。想要更好地实现读书变现，就不能不关注读书会。

为什么读书会成为新形态

读书会成为阅读新形态的原因很多。第一个原因是，读书会可以帮助人们跳出阅读的"同温层"，领略不同领域、不同类型图书的风采。

你平时喜欢看什么书？有些人喜欢文学类图书，有些人喜欢经济管理类图书，还有些人偏好健康养生类图书。人们的阅读偏好源自其在阅读经历中逐渐形成的思考方式，这种思考方式最终会成为一种自我学习惯性。换句话说就是，你在阅读自己喜欢的书籍的过程中，会形成一种阅读和思考惯性，这种惯性让你不自觉地继续选择这类书，这就是阅读的"同温层效应"。

我们往往很难摆脱同温层效应的影响去主动阅读不同领域的书，而参加读书会可以有效解决这一问题。无论是在线上读书会群，还是线下读书会见面活动中，你都能遇到来自各个领域、喜欢不同类型书的人。通过和他们交流，你很容易获得跨界读书的乐趣。

读书会成为阅读新形态的第二个原因是，在社群中互相分享心得的过程，可以加深我们对书的理解。

社群领读并不是单纯的"讲课—听讲"模式，你需要结合你对书的理解，你想到的启发点、应用点，抛砖引玉，激发"群体智慧"，让更多人参与讨论。

我也多次参加和组织读书会。在一次读书会上，大家共读了《掌控：开启不疲惫、不焦虑的人生》一书。这次读书会主要围绕这本书讨论了生活中的劳顿以及如何为我们的生活补充能量。参与者来自各行各业，这也让讨论变得非常热烈。

一位医生针对"高强度运动通常避不开疾病和伤痛"给出了专业解释，并举例说明"运动的分寸是95%舒适度+5%挑战"以及应该如何把握这个分寸；还有一位成员是健身教练，他针对书中"如何最大限度提高摄氧量"的问题给出很多经验之谈。像这样每个人都围绕一本书，或谈自己的理解，或谈自己的困惑。经过一番讨论和交流，每个人都收获满满。

所以说，一个人读书是学习，一群人读书是创造。很多时候，我们参加读书会活动，并不只是读了一本书，而是学习了与这本书相关的主题知识，这种共读方法非常适合读书慢的人。

读书会成为阅读新形态的第三个原因是，能促使人们进入沉浸式阅读状态。

一个人独自阅读时往往容易走神，而且没有外力督促，很难坚持每天阅读。电话、聊天、日常事务都可能中断你的读书过程。如果你参加一些读书会，跟随一群人一起读书，听他们分享自己的理解和想法，你就更容易沉浸其中。在读书会中，你的听觉和视觉都被调动起来，注意力更容易集中。而且，为了确保在发言环节有话可说，你不得不提前认真准备，主动加深对书的理解。

除了参与读书会的共读讨论环节，你有没有在读书会里做过分享呢？比如在微信群里分享你读过的某本书，或者在线下读书会活动中跟大家分享你的读书体会。你是否担心自己的理解过于浅薄而不敢发言？如果你对社群领读有更多的了解，你就不会再胆怯了。

什么是社群领读

社群领读，即在读书会社群（如微信群）内分享知识的一种形式，也就是领读者通过分享书中的亮点，与其他社群成员交流心得、互相激励的过程。领读形式以文字为主、图片为辅，因为图文形式更方便读书会成员在碎片时间阅读和回看。领读者应当提前准备好相关稿件。

组织一次社群领读一般需要 15～20 分钟，如果中间穿插社群成员互动，则需要 30 分钟左右。通常一本书的内容可以生成 5～10 篇社群领读稿，每天讲其中 1 篇，则领读完一本书需要 5~10 天。

拆解一本书的方法有很多，可以按照章节或知识点数量进行拆解。按照章节拆解，可以采用一天拆一章的方案；按照知识点拆解，可以把涉及同类知识点的内容合并到同一天的领读稿中。具体的拆解方法，请参照第六章相关内容。领读时间要相对固定。我的经验是，早起领读效果最佳。下面，我通过两本书来展示如何安排领读时间。

个人成长类社群领读

《认知觉醒》全书共八章。前三章讲人为什么焦虑，可以用一天领读。第四到七章分别讲提升个人能力的四种力量：专注力、学习力、行动力、情绪力。四种力量各不同，所以分别用一天领读，最后一章讲成本最低的成长方法：早起、冥想、读书、写作、跑步。所以最后一章也需要用一天领读。这本书完成领读一共需要六天。

技能类社群领读

《关键对话》全书共十一章，除最后两章是案例分析和综合运用外，其他九章的每一章页数都非常多，内容也很充实，你可以用两三天来领读。比如第七章提到了陈述观点的方法，包含内容技巧和方式技巧，这两点就可以安排两天领读，让成员更好地消化吸收书中的内容。

如何选择领读书目呢？一般不要选择太学术的书籍，实用类书籍更适合社群领读，心理类书籍也能引起大家共鸣，而绝大多数文学类书籍都不适合社群领读。

至于领读活动的频次，我建议每个月领读 2 本书。如果领读次数太多，你的时间和精力有限，压力就会比较大。每个月 2 本书，每天领读 1~2 个章节，这样安排，既能让你轻松享受阅读体验，也便于跟读书会成员进行交流碰撞。

社群领读稿如何写

社群领读稿可以包含 5 个部分：上期回顾和本期预告、话题引入、主体内容、总结回顾、互动环节。

上期回顾和本期预告的作用是温故知新。除了第一次领读外，你每次领读时，都要简单介绍上一次领读主要讲了什么，然后预告当天会讲什么。因为很多人都是利用碎片时间在参与社群阅读，可能不了解前情。

接下来，我们引入当天的领读话题。你可以抛出一些小问题，询问大家是否遇到过类似情况。

以领读《赢回专注力》为例，我是这样引入话题的：

你有没有这些情况？

喜欢启动新项目，探索新领域，但过一段时间又对新项目腻烦了；直到睡觉前，脑子里仍有很多想法，但行动力却跟不上想象力；会让自己变得很忙，目的是回避某项真正困难的工作；想法执行不下去，但不一定是因为时间不够。

有这些情况的人，经常被一个问题难倒，即"我想要什么"。

这段文字全部是关于痛点的具体场景描述，能引起读者的兴趣。而在引导读者进入主题后，我就要展开主体内容了。

主体内容是指基于书的主题所选取的亮点。在安排主体内容时，我们应先说亮点是什么，然后用书中的例子或自己的语言解释这些亮点。

在讨论"思维跳跃如何影响专注力"这个主题时，我是这么说的：

作者提到了"想法特别多，行动跟不上"的原因，表面看来是娇生惯养、不为生计发愁，根本原因是缺乏落实想法的技能，或者缺乏支持该想法所必须的认知资源。

当有人在你面前卸下卡车里的东西，各种铁皮、旧衣服、纽扣、灯泡、橘子皮、骨头、自行车、润滑剂、模板、书、轮胎、空相框，然后说"从这些东西里搞出些名堂来"，这时候你会怎么做呢？

有人会拍很多照片发给自己的朋友，让他们帮忙出主意。

也有人是收纳控，看到这些东西，会立刻想到分类。

我举这个例子是想说明什么呢？作者说，不管你怎么干，都无所谓对错。因为无论怎样，这都不是一个人能干完的。作者在书中提出，没有一个人能够具备完成一个项目所需的全部认知、意动和情感资源，完全独立、自始至终地做完一个项目。所以，作为一个思维跳跃、想法很多的人，需要的不是把自己变成一个执行力超强、持续行动力卓著的人，而是找一个合适的帮手或者合作伙伴。

所以说不是"你想法多，专注力不足，行动力差"，而是本就没有一件事可以靠一个人完成。从今天起，你不要比拼独立做事的勤奋程度，而要给每件想做的事匹配合适的人。

你读到这里时，是不是也有所触动？这就是主体部分的写法：围绕当日领读的亮点，结合案例或你自己的故事进行展开，主体部分就形成了。

接下来是总结回顾。这部分是总结本次读书会的主要内容，方便大家温习。

以上述内容为例，你可以这样总结：

简单来说，"一个人活成一支队伍"是错的，我们应该"努力凝聚一群靠谱的伙伴",这些人可能彼此独立,但都聚合在你这里,帮你实现各种想法和目标。

所以,如果你有很多想法,不要急着考虑一个人如何才能干完,而是多思考"我认识的人里,谁能帮我干,我怎么说服他帮我干"。

最后是互动环节。大家会在这个环节一起讨论与本次读书会有关的小问题,如"分享一个想法或创意,思考谁可以帮你实现这个想法和创意,试着跟读书会的同学进行连接,看其中是否存在能帮助你的人"。这个小问题不仅会促使读书会成员思考领读内容,还能在成员之间建立联系。这样就能吸引更多人加入你的读书会。

解书成课：输出的主要方式

你想拥有自己的粉丝群，建立个人影响力，不断突破人脉圈层，有更广阔的天地吗？请尝试设计自己的课程吧！

很多人说："我喜欢分享书，把书里的内容讲出来，并且希望帮助他人，但从没想过自己讲课、卖课，更不敢相信有人会购买我的课程。"但我想跟你说，**人人都可以做课程，人人都有机会靠做课程实现读书变现的梦想。**

什么是解书成课

大家对课程并不陌生：学生时代，老师站在讲台上讲课；参加工作后，领导让你参加公司培训；业余时间，你为了提升自我，在网上报名学习课程……

课程，离你从来都不远。它能够为听众带来独特的价值，而且有不同的形态。在网上，有8~15分钟的音频课，还有15~30分钟的视频课，也有1小时左右的直播课。在线下，有2个小时左右的沙龙分享课，也有4个小时的企业培训课，还有2天的技能突击集训课。

也许你没想过成为这些课程的主讲老师，但现在请你想一想：如果可以通过课程的形式来分享有用的内容，你是否就实现了读书的价值？

帮助那些前路迷茫的职场新人快速提升，不知所措的新手宝妈学会带娃技巧，给需要心灵慰藉的陌生人带来温暖，帮助他人获得某方面的成长就是课程的价值。

能否做出好的课程，与你的资历、背景无关。**市面上不缺很好的讲课人，缺乏的是非常落地、特别实用、针对工作生活中细小问题的实操课。任何一位平凡的读书人都可以借助书中的方法以及亲身经历，变成一个知识技能分享者，并产出自己的课程。**

当然，并不是每个人都可以成为职业讲师，但只要你的课程有助于他人解决实际问题，为他人带来收获，你就实现了自己的读书价值。

不要怕自己做不好课程，打磨课程本来就是一个精益求精的过程。最初，你只是简单分享一些经验。接下来，你可以把大家的提问放进课程里，尝试分享解决问题的方法。之后，你可以不断优化自己的课程，甚至建立一个短期训练营，为你的学员点评作业，将学员转化为铁杆粉丝。**解书成课，是一条非常有价值的长期发展道路。**这条路并不像你想象中那么难，因为在打磨课程的过程中，有大量的书可以作为素材。

零基础解书成课

现在你已经了解了课程的价值，但你可能还是忧心忡忡。一个粉丝不足 300 人的新手做的课程，真的会有人埋单吗？答案是肯定的。想要通过做课程赚钱，你需要完成三步：以课招人、拿课程留人、靠课程介绍人。

这三步好不好做呢？我以一个全职宝妈为例，讲解我们应该如何实践这三个步骤。这位全职宝妈很喜欢做营养早餐，但她没有营养师的资质，只是在做完营养早餐后拍照发微信朋友圈。后来有几个朋友建议她开课讲解营养早餐的做法，具体操作如下。

第一步，以课招人，做引流课（主要为短期课），让更多人知道这个课程。

这位全职宝妈用创客贴网站做了一张以营养早餐为主题的海报发在朋友圈，然后将感兴趣的人拉入微信群，并在群内鼓动大家拉身边感兴趣的朋友入群。她非常注意处理群内广告，一旦发现有人乱发广告，就将其踢出群。

学员进群后，讲什么呢？最简单的做法是围绕听课人的需求制定课程内容。于是她询问群里的朋友，问他们有哪些困惑。她根据调查的结果来确定课程大纲，然后开始写课程稿。（课程稿的具体写法，我在后面会详细介绍。）

引流课的目的是激发学员兴趣，引导学员订阅、学习她的主要课程。所以她在引流课讲到 40 分钟的时候，穿插介绍她的短期收费课，像是"7 天 49.9 元短期提高课"。

你一定要对自己的课程有信心，只要有人来买你的短期课，你就成功了一半。即使购买的人不是很多，你也不要灰心，要通过优化课程质量、提供良好的体验，把人留住，通过口碑进行传播。

第二步，拿课程留人，要让报名的学员得到良好的体验。

什么样的课程能让学员获得良好体验呢？能真正解决学员问题的课程。很多人想知道怎样快速完成营养早餐，于是全职宝妈分享了具体的操作步骤，以帮助学员省时、省事、省钱地解决早餐问题。

除了课程内容，你还要注意课程服务。所谓课程服务，主要是解答一些定制化问题。你可以通过集中答疑或者批改作业的方式来解决他们的问题。

完成短期课之后，你可以根据自己的时间和精力来决定是否做长期课。你也可以制作小班课程，即学员很少但质量很高、收费较贵的精品课程。这样下来，你的课程体系就相对完整了。你的个人品牌影响力也会越来越凸显。

第三步，靠课程介绍人，让老学员帮你继续扩大你的课程事业。

老学员在课程中的影响力非常大。想要发展新学员，最好的办法就是让老学员帮你做口碑营销，把你的课程推给更多人。

怎么才能让老学员有意愿介绍新学员呢？这位全职宝妈在保证课程质量的基础上，让老学员有超出预期的收获。此外，持续迭代，升级课程，与群里其他的全职宝妈学员交流经验，扩充课程内容，增加额外的免费课时，向那些为课程做出贡献的老学员赠送其他课程。这些方式都有助于激发老学员的积极性。

一门课上架的全流程

任何一门课都要经过找选题、列大纲、写逐字稿、讲课、上架这五步，我们一起来看看每一步的操作要点。

第一步，找选题。

找选题就是挑选课程主题。这个主题往往来自很多人关注并亟待解决的问题。通常，方法类图书都会直接在书中写出痛点问题，你可以针对痛点，写出具体问题的发生场景，让听众听起来更有画面感。

你也可以参考千聊、荔枝微课、网易云课堂等平台在推哪些课程，热卖的有哪些。哪怕没有深厚的知识积累，你也可以根据书中的内容做出课程。选题最重要的是实用，内容越接地气越受学员欢迎。

第二步，列大纲。

课程大纲要说明这门课面向哪些受众、要解决哪些痛点、主要方法是什么。通过列大纲，你可以进一步明确你需要的素材，为写逐字稿打下坚实的基础，聚焦课程目标。

第三步，写逐字稿。

逐字稿就是讲课时用的文稿，你要把待讲的内容提前写出来，其中甚至包括和听众互动的句子。之所以要这么细致，是因为这样方便你检查课程内容，也能让讲课的过程更加顺畅。

第四步，讲课。

录制课程时，你不一定要真人出镜，也不一定要准备配套的PPT，你可以直接在微信群里发语音或者文字。但我建议你还是把课程录制下来。你可以通过直播软件录下完整的课程视频，也可以通过荔枝微课、千聊等平台录制课程。后者的录制方式跟在微信群里发语音是一样的，你只需要逐句录入自己的话即可。如果哪句话说错了，还可以撤回重录，这不失为一种高效的方法。

第五步，上架。

所谓课程上架，就是在网站、平台或微信群中设置好课程的标题、价格、简单介绍等信息。如果你不会设计图片，也可以只发文字信息，最重要的是让潜在的学员弄清课程信息。

可以上架课程的平台有千聊、荔枝微课、头条、百家号等，其中头条、百家号还可以上架图文课程。由于不同平台的课程形式不同，有的是图文课程，有的是纯音频课程，有的是视频课程，我建议你将课程的音频、视频和图文稿分别上传至不同平台，从多平台获得收益。

以上就是一门课的上架全流程。你对课程每一个环节的用心打磨，都会显著提高课程的质量，让学员有收获。高质量的课程是形成口碑传播的基础。我真心希望你能大胆尝试做一套自己的课程，把你的很多想法变为对大家有用的教程，在帮助别人的同时也为自己增加收益。

读书的 N 种输出方式

我们在前面介绍了读书笔记、荐书稿、书评、社群领读稿等输出方式,但读书输出的方式远不止这些。按照展现形式,我们可以把读书输出分为图片、文字、音频、视频、读书会活动五大类。

五种读书输出方式

图片形式

图片形式包括上文提到的各种类型的笔记,如手绘笔记、思维导图笔记、读书笔记 PPT 等。

文字形式

文字形式主要指用于投稿或者发布在自媒体上的读书稿,包括荐书稿、书评、专栏课稿、说书稿、共读稿、社群领读稿、书单等。主要发布的自媒体平台有头条号、百家号、微信公众号、豆瓣、知乎回答、新浪微博、小红书等。

音频形式

音频形式主要包括上传到各种听书软件的读书稿音频,也可以是自己的朗读音频或读后感等。

视频形式

视频形式主要包括以荐书为主题的中、短视频,以及视频直播。

读书会活动

线上读书会活动是指直接在微信群里组织读书交流活动,线下读书会主要是读书交流见面会。

为了帮助你更直观地了解每一种输出形式,我画了一张图(见图5.17)。

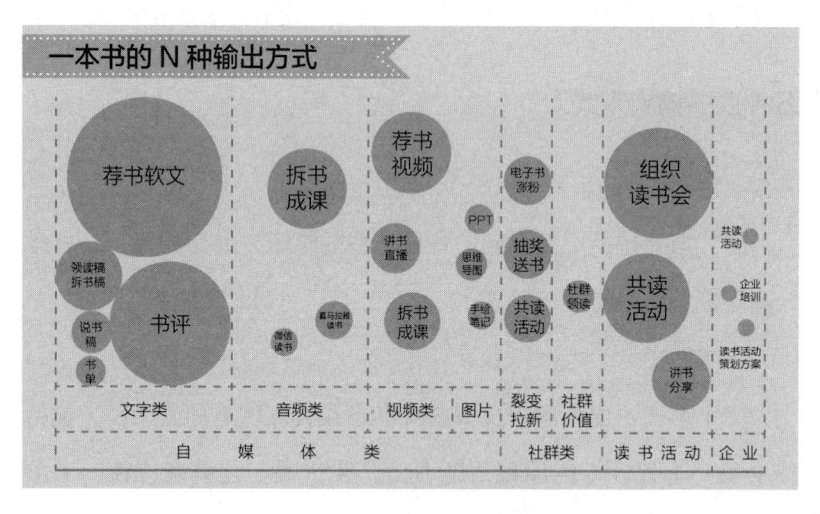

图5.17 一本书的输出方式分类

图中的圆圈大小,不代表各种输出方式带来的收益多少,只反映目前它们在读书市场上的热度。圆圈越大,说明以这种方式输出内容的人越多、输出频次越高。这张图就像一张夺宝地图,拿上它，你就能知道在读书变现这趟夺宝之旅中藏着哪些宝箱。

不同变现方式的效率与收益

我把各种读书变现方式的投入回报情况按照难度系数和耗时情况进行分类，制成了一幅图（见图5.18）。坐标系中横轴表示花费时长，坐标越靠右，花费时间越长；纵轴表示完成难度，坐标越靠上，完成起来也就越困难。

为什么要给你看这张图？以我身边的人为例。我的一个同学看到我一直忙于讲书直播，就询问我做课程是不是特别难，我将这张图发给他，并教导他根据自身情况，选择适合的读书变现方式。他本来自认为无法做到读书输出，但自从他理解这幅图后，听众马上增加到至少1000人次，这让他非常有成就感。

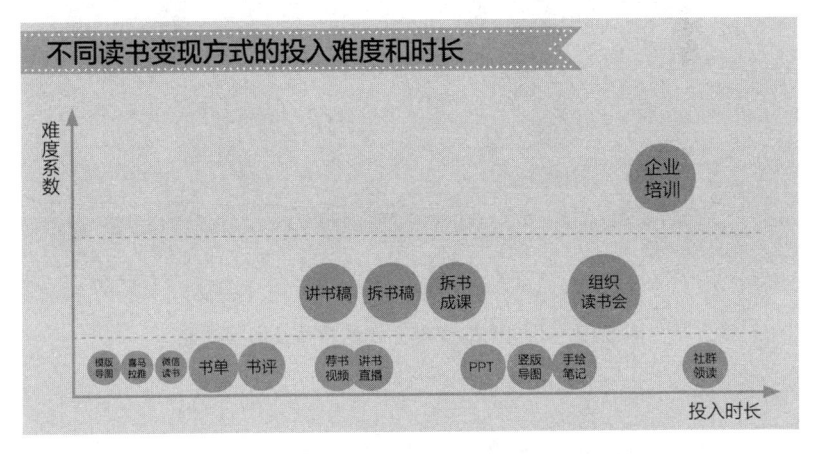

图5.18 不同读书变现方式的投入难度和时长

所以，我给看你这张图的首要目的是给你信心，让你合理选择自己的切入点。

了解不同输出方式的效率后，我们再来讨论收益和回报周期的问题。回报周期一般分为长期和短期两种，但并不是周期长，收益就少，或者周期短，收益就多。

请看图 5.19，图中矩形部分，像书单、讲书直播、社群领读、拆书成课，可以持续获得收益，但当时的收益是比较少的；而圆形部分则是做完之后直接获得回报，且只有一次性收入，包括写书评、共读稿、讲书稿、办一次读书会活动收的活动费、一场企业培训等。

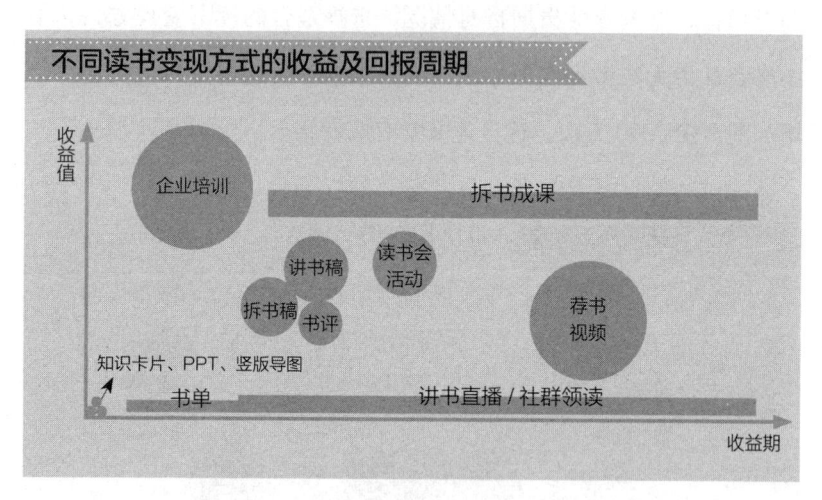

图 5.19　不同读书变现方式的收益及回报周期

读书输出的方式多种多样。如果每一种方式都想试试，你就得通盘考虑，合理安排先后顺序。

我有位学员是个宝妈，她对主业不太满意，想开辟副业，通过写作赚钱。她渴望成为签约作者，可是她的时间特别紧张，周末几乎全被孩子占据。在我的指导下，她选择从写作共读稿开始，并在多个渠道投稿。她在一个渠道试稿通过后，又接连写了多篇共读稿，最后顺利签约。整个过程不到两个月。

在这之后，她开始学习写书评，给出版社供稿，也尝试给一些公众号投稿。现在她一边做荐书视频，发在知乎、抖音、B站、爱奇艺上，一边筹备共读课。下一步，她想运营一个宝妈共读群，带着身边的妈妈一起阅读变现。

不管是长期收益还是短期收益，最重要的是先做出成绩，再开始下一步，面对丰富的读书输出方式，浅尝辄止，最后只能一无所获。

新手该如何读书输出

下面我介绍一些适合不同人群的读书输出方式。

学生、毕业3年的职场人、20~30岁的全职宝妈

如果你属于这三类人，那么你可能面临如下问题：无从下手，没有信心。我接触最多的就是这一类学员，他们往往是因为缺乏专业指导，只能自己摸索，导致作品阅读量低，收益很不理想。

我为这些学员专门制订了学习计划。按照我的学习计划，很多学员的收入稳步提升，而且有了固定的合作渠道。他们用成绩说明

了，读书变现的关键无非三点：懂规则、肯吃苦、长期投入。

以下是我为这类学员制订的学习计划。

第一步，写书评。

用一个月时间尝试写两种以上类型书的书评。有孩子的学员以个人成长和绘本类书籍为主，没孩子的学员以个人成长和工具类书籍为主。这时候，我不建议你写文学类书评，因为你写作基础还比较薄弱，如果长期不中稿，容易信心受挫。个人成长和绘本类书评都有固定框架，具体可以参考本章有关内容。按照计划，你一周内就能写出符合标准的书评，一个月内就可以比较熟练地产出书评8篇左右。

第二步，整理书单。

按类别整理书单并向他人推荐，如适合不同年龄段孩子看的绘本，提高社交能力的书，锻炼逻辑思维的书，等等。一方面，你可以用书单投稿；另一方面，在写拆书稿、拆书成课等环节，你都要先选书。因此，要把选书四象限法好好利用起来。

第三步，为解书成课做准备。

从第二个月开始练习写课稿，从你最熟悉的一本书入手，从第三个月开始筹划一节讲书课，组建你的小型读书群。

五年以上工作经历、30+ 的全职宝妈

你已经有丰富的人生阅历，想把自己的感触写出来，却苦于不知如何下笔，那么，最适合你的学习的顺序如下。

第一步，写书评。

把书评发布在你的自媒体账号上，如头条、百家号、公众号、微博、知乎等，打造你的个人影响力，为之后办线下读书会、经营自己的社群做准备。

第二步，解书成课。

利用自己丰富的工作经历或者育儿经验，围绕自己比较擅长的领域做一节线上课程。对此，你只需要挑选一本好书，根据书中的详细步骤和现成案例来重新组织课程结构，就可以做出对学员有价值的内容。

新媒体运营、文案、中文系学生、有投稿经验

以上两类人大都是没有太多自媒体写作基础的学员，但如果你是新媒体运营人员、文案人员，或是中文系学生，或者你此前有过一些投稿经验，你应该怎样安排学习呢？

对于有写作基础的学员，读书输出的关键在于饱和性的投入。什么是饱和性的投入？就是你要用尽一切时间去产出内容，如果别人一周写1篇书评，你就写3篇。按照前文讲的方法，这对你来说不是问题。

接下来，你要把自己最精华的内容做成课程，因为只有推出代表你最高水平的作品，你才能逐渐建立自己的影响力。对你而言，学习顺序应该是这样的。

第一步，一个月内完成一套讲书课。

拆解7本书，写逐字稿并录音。

第二步，做自己的读书社群。

每天都开展社群领读，领读的文字就是你社群领读稿的内容节选，在社群内销售你的讲书课。

第三步，每个月举办一次群友见面会。

可以是线上直播，也可以是线下聚会，增加社群成员黏性，让大家更认可你的讲书课。

现在你知道读书变现该从哪里下手了吗？当然，任何变现形式都离不开我们对书本身的理解。你可以回到本书前几章，再次回顾阅读过程中的各个难题，带着问题速读、重读、进行主题阅读。当你真正解决读不进去、不会选书、读书走神等问题后，你就为读后输出做好了准备。

技能篇：那些年你不能错过的读书方法：

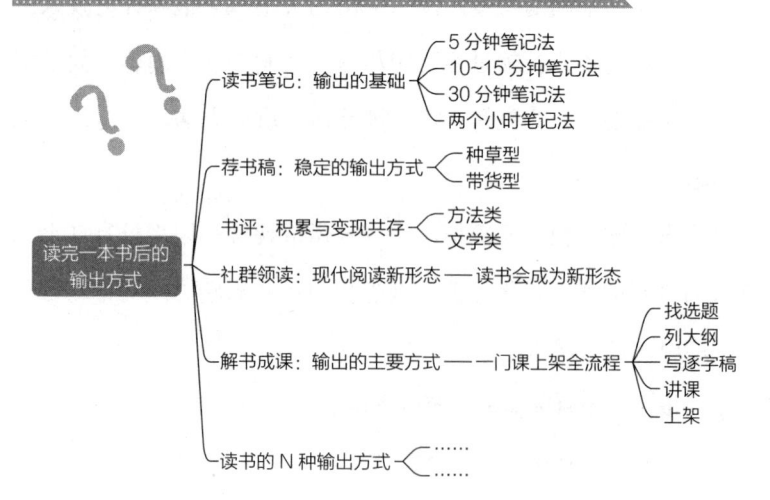

读完一本书后的输出方式
- 读书笔记：输出的基础
  - 5分钟笔记法
  - 10~15分钟笔记法
  - 30分钟笔记法
  - 两个小时笔记法
- 荐书稿：稳定的输出方式
  - 种草型
  - 带货型
- 书评：积累与变现共存
  - 方法类
  - 文学类
- 社群领读：现代阅读新形态——读书会成为新形态
- 解书成课：输出的主要方式——一门课上架全流程
  - 找选题
  - 列大纲
  - 写逐字稿
  - 讲课
  - 上架
- 读书的N种输出方式……

第5章 读后输出，把读过的书变成财富

技能篇：读完一本书后的输出方式

1. 读书笔记：输出的基础

- 5 分钟笔记法
- 10~15 分钟笔记法
- 30 分钟笔记法
- 两个小时笔记法

2. 荐书稿：稳定的输出方式

种草型 → ❤️👤　　带货型 → 📚 清仓处理

3. 书评：积累与变现共存

4. 社群领读：现代阅读新形态

社群

5. 解书成课：输出的主要方式

一门课上架全流程 ➡ 找选题、列大纲、写逐字稿、讲课、上架

第6章

深度阅读,硬核输出,让阅读改变生活

吴军博士曾经说过：深度阅读的目的是在把一本书读透之后，用它的内容构建我们整个知识体系和认知的框架。我们只有在把一本书读透后才能真正内化成自己的精神财富。但这还不是有效阅读的全部，更重要的是要用阅读推动我们行动，改变我们的生活，这才是真正有效的阅读。我们也才能够实现从普通读者到阅读高手的跃迁。

怎样更好地理解消化一本书

快速阅读的本质并不是用阅读质量换取阅读速度，而是为了快速获取书中的知识和信息。只有提升获取知识和信息的速度，才能真正提升阅读速度。那么，如何提升我们的阅读理解能力呢？下面我分享三种方法。

尝试吸收书中观点

阅读的过程，就是透过作者的视角去看世界的过程。每个作者都会根据自己的理解去描述他看到的世界，虽然他的视角未必能得到你的认同,但总有一些内容对你有帮助。所以,无论我们打算看哪本书,请先试着理解书中的观点,不要在阅读伊始就完全拒绝其观点和内容。正如斯特拉文斯基所说:"真正的创造者即便在最平凡卑微之处,也能找出可观的价值。"

我们应该如何理解书中的内容呢?

首先,我们应该先大致了解作者的观点,思考这些观点适用的场景——毕竟大部分观点都有其适用范围。《沃顿商学院最受欢迎的成功课》一书就提出这样一个观点:"利他心和利己心可以同时存在。利己的利他主义者能够实现超凡的社会成就。"关于这一观点的现实例子有很多,以我教授读书变现课为例:课程的收益是利己的,让学员获得成长是利他的。如果我教授课程的初心是帮助学员成长,我就算是利他主义者。在这个过程中,我的利他心和利己心同时存在。

其次,我们可以思考一下书中观点不成立的情形。让我们想象一下利己心和利他心并非同时存在的情形。以"精致的利己主义者"这一流行语为例,它用来指智商高、世俗、老到、善于表演、懂得配合且善于利用体制达到自己目的的人。在这种人身上,利他心和利己心并没有同时存在,他们看似利他的行为只是为了利己。

当然,有些观点,我们很难找到不适用的场景。在这种情况下,我们只要找到一个适用的场景,就能更好地理解这些观点。

最后,留下一个小练习:关于下面这句引自《认知觉醒》的话，你能想到哪些适用的场景呢？请在横线处写下你的答案。

大多数时候我们以为自己在思考，其实都是在对自身的行为和欲望进行合理化，这正是人类被称作"自我解释的动物"的原因。

_____

_____

完成阅读后，用自己的话表达出来

吸收别人的观点后，我们可以试着用自己的话讲出来。

以焦虑为例。《认知觉醒》一书讲道："焦虑的原因在于想同时做很多事，又想立即看到及效果，还避难趋易，想不怎么努力就立即看到效果。"《你有多自律，就有多自由》一书则讲道："成功者与止步不前的人最大区别就在于，前者从不把时间浪费在考虑外在因素的干扰上，只一门心思地攀登和挑战，而后者总是眼高手低，一边不努力一边可劲儿焦虑，最后还把这种焦虑归结在怀才不遇上，一心认定自己是千里马，还没遇到开发自己潜力的伯乐。"

读完上述句子，请说出你对焦虑的理解。

通过两位作者的讲述，我们或许可以认为："焦虑是指总想用很少的投入，快速获得回报，而且是很大的回报。"这时候，我们不必追求表达多么精准，因为我们的目标在于，加深理解。

如何有效阅读一本书

带着观点读书

我们带着某一观点去审视观察对象时，或许可以看到新的东西。

以本书为例。我把阅读主题相关的书籍和我自己的观点进行了整合，勾画出一幅关于读书方法的框架图，然后带着我的观点开始阅读框架中罗列的这些书。在阅读过程中，一些隐藏的内容会慢慢展露出来，比如本书提到的掷硬币实验、大脑的可塑性等。这些内容可能与读书并无直接联系，但却有助于我们理解本书的一些观点。

带着特定观点读书也有一些弊端。先入之见会让我们陷入"隧道效应"，也就是倾向于忽视自己不太认同的观点，甚至仅仅因为作者说过一些我们不太认同的话，就拒绝阅读他的书。即便如此，我们也应该看到，带着特定观点读书总体来说是利大于弊的。

带着问题读书

最后一个方法，是尝试在某本书中寻找关于某个问题的灵感。假设你带着"如何提升产品销量"这个问题来阅读本书，你肯定会思考，书中提到的哪些内容对提升产品销量有帮助？基于前面几章，你或许会想到这些：

1. 从别人的销售策略里可以学到很多东西，我应该先吸收他们的做法，然后形成自己的观点。

2. 带着观点，对讲述"如何提升销量"的书进行主题阅读。

3. 当销量不佳时，不要轻易说"我不适合干这行"之类的话。

4. 像阅读游戏模型一样，我或许可以设计一种玩法，提升购买者的体验。

5. 创建环境很重要，也许我可以试试"离店出走式"销售。

……

即便是一本讲述读书方法的书，也能激发出你的很多灵感。如果你读的是经济管理或营销方面的书籍，你的奇思妙想一定会更多。

读书可以帮我们实现"视角采集"。不同的书里藏着作者对世界和人生的不同理解，即便是针对同一个主题，不同作者的阐述也各有不同。所以，我们应该尽量吸收书中的各种观点，并逐渐形成自己的观点，再带着这些观点重新回到书中。最后我们会发现，我们看世界的角度发生了变化，可以更深入、准确地观察和发现新的天地。

拆解能力：阅读的底层能力

很多人问我："在这么多年的阅读之旅中，你最大的收获是什么？"从表面上看，我的收获很多，有技能的提升、人脉圈层的变化、物质财富的积累等，但最大的收获还是具备了阅读的底层能力——拆解能力。

什么是拆解能力

支撑阅读行为的底层能力，就是拆解能力。同时，拆解能力也是人之为人的底层能力。因为这里的拆解，不仅指拆解一本书的内容，还包括拆解一个人的成功经历，拆解一个项目的运作模式，拆解一种矛盾爆发的核心原因，等等。

那么，拆解能力有什么用呢？

第一，它能弥补我们因经验不足导致的起步困难问题。

如果你想在抖音上发布荐书视频，但缺乏经验，那么你可以拆解一些运营得比较成功的账号，学习他人的文案和视频录制风格。

很多人在开创自己的事业之前都缺乏经验，因此，拆解别人的成功经验就变得非常重要。你可以从模仿别人开始，不断优化细节，从而更快地取得成绩。

第二，它能让我们少走弯路。

绝大部分人在求职时，都要准备简历。那么，我们该如何制作一份优秀的简历，以获得更好的面试机会呢？我们可以拆解那些好的简历，有针对性地优化自己的简历，避免盲目投递、浪费时间。

创业者需要寻找好的项目。如果你打算创业，你就可以拆解别人的创业项目，分析其核心方法、资源、优势以及不足之处，再结合自身特点来选择自己的项目。这个过程可以减少创业初期的试错成本。

第三，它能化繁为简。

我们总要面对纷繁复杂的问题，然而，并不是所有人都能化繁为简，轻松应对。

假如你被要求写一篇书评，由于从未写过这类文字，你多少有些手足无措。这时，你可以发挥自己的底层能力，把写书评的过程拆解为"阅读—提炼—筛选—定选题—列大纲—写初稿—定稿"七个步骤。这就是化繁为简的过程。

如何锻炼自己的拆解能力

既然拆解能力如此有用，我们该如何获得这种能力呢？我们可以通过拆解图书，培养这种能力。

下面我介绍一下培养拆解能力的四个阶段。

阶段1：通过拆解图书，解决实际问题。

在这一阶段，我们可以通过拆解书中的方法、技巧，解决工作中的难题，如沟通困难、绩效不彰等。借助本书提到的阅读技巧，我们很容易达成第一阶段的目标。

阶段2：拆解所学内容的特点，尝试输出自己的东西。

拆解能力训练有一个关键步骤，那就是将问题进行归类，然后将问题类别进行排序。我用这一方法整理了几十本书的笔记，并据此设计出了第四章提到的"合并同类项"阅读法。另外，我还总结出"四象限书单法"，设计了"阅读游戏模型"。这些都源于拆解能力。

在听取100多节的DISC翻转课堂后，我通过拆解听课笔记，发现了许多新的应用方式，并设计出了DISC技能在阅读领域的两项应用。

在第五章，我也提到运用拆解能力来安排社群领读的时间。

这一阶段正是培养拆解能力的关键一步。

阶段3：同时拆解多项内容。

以拆解课程为例。在听课的时候，我们既要拆解课程的内容，也要拆解课程的形式。后来，我用这项技能设计出了"解书成课五步法"。

阶段4：尝试拆解图书以外的其他对象。

在通过拆解图书获得拆解能力后，我们要尝试拆解其他更多的对象，如拆解他人的人生。虽然每个人的人生各不相同，但我们可以通过拆解他人的成功经历，获得启发。

拆解能力是我们学习新事物、追求理想人生时所依赖的底层能力。真正天赋异禀的人并不多，成功的人往往是借助拆解能力，突破了一个又一个未知的领域。希望你可以从拆解图书到拆解生活的方方面面，一点点攻克人生难题，不再慌张，淡定从容。

几种常见图书的拆解方法

这一节，我将再次回到读书的话题，分门别类地讲解拆解图书的具体方法。

拆解实用类书籍

实用类书籍也被称为工具书，一般以讲解方法为主。拆解这类书分为三步。

第一步，找准适用对象，即适合读这本书的人。

比如，《时间管理7堂课》一书的适用对象有：

- 想做很多事但时间不够用的上班族、高校学生、创业者
- 有空余时间但时间利用率不高的退休人士
- 在进行时间管理但效果不理想的人
- 对时间管理有一定心得，想要进一步提升效果的人

第二步，找出与方法相匹配的场景。

"一把钥匙开一把锁"，因此，我们可以把产生痛点的场景列出来，再有针对性地寻找答案，这样就能把书中的细节和亮点都提取出来。

拿《时间管理7堂课》第一章"目标管理"来说，这一方法有多种具体的应用场景：

迷茫，不满，想要改变，选择了一些方式，却没有明显的变化；
自己效率低下，羡慕别人效率高；
所有时间都被工作和孩子占满，很难有自己的安排。

第三步，获得新的认知。

如果一个人只是掌握了某项技能而认知没有得到提升，那么他的生活状态和个人能力不可能得到质的提升。

以《时间管理7堂课》第一章为例，这一章刷新我认知的内容有很多：

好多学霸也不是真正的学习高手，他们的时间利用效率也不高，但他们知道把自己的多数时间用在学习上，勤能补拙，反而结果是好的。

每人每天都是24小时，无论怎样管理，时间都不会增多，但我们可以选择在有限的时间里，更好地利用自己的资源，把时间分配在现阶段最有产出的事情上。

……

拆解情感故事书、文学作品

拆解这类书也分为三步。

第一步，摘录"金句"，积累写作素材。

以《次第花开》这本书为例，其中就有很多金句：

要紧的话得赶紧在前面说完，留到后半段再说，大概效果要大打折扣。

快乐的人生是从接受缺憾开始的，接受一个不那么完美的自己。

自律的一个重要方面是不让自己沉浸在对人对事的无益的想象中。

第二步，找到作者的特别之处。

这样做的目的有两个：一是便于向别人推荐这本书；二是可以深入发掘作者的观点。

要想找到作者的特别之处，我们可以在网上搜索作者的故事、采访等。

第三步，了解作者创作这本书背后的故事。

了解作者的创作过程，是为了更好地向别人介绍这本书，也是为了更好地理解这本书。

拆解儿童绘本、儿童文学

拆解儿童绘本和文学作品时，主要看两点：作者和书籍的内容，书籍的教育意义。

下面我就以《阿文的小毯子》这本书为例，示范如何拆解一本书。

第一，了解作者和书籍的内容。

《阿文的小毯子》的作者是亨克斯，他是捕捉儿童情感的高手。他善于从真实的生活中寻找素材，再用明亮、温暖的色彩和拟人化的小动物来讲故事。这既能从视觉上吸引孩子的注意，也能从心理上让孩子产生共鸣。

这本书是《凯文·亨克斯和他的小老鼠》系列作品之一，整个系列讲述的都是小老鼠之间发生的小故事，生动地呈现了孩子们的真实生活和情感变化过程（如莉莉从讨厌弟弟到维护弟弟，霸道的豌豆学会了尊重和爱护友谊等），有助于孩子理解生活和情感。每只小老鼠都代表了一个性格迥异的孩子。

其中《阿文的小毯子》讲述了不被理解的小灰鼠阿文努力维护自己权利的故事。整个绘本采用暖色调，凸显了家庭中无处不在的爱；细线条的笔触突出了画面的真实感；运用"画中画"和"组合画"等技巧，展现了故事细节；用多幅图画来展现故事细节，暗示了阿文和父母心境的变化。

第二，理解教育意义。

作为父母，你肯定遇到过这种情况：孩子很迷恋一些东西，如奶嘴、被子、小玩具等，他走到哪里都得带上，只要你不给，他就会哭。我们也许会哄他交出来，但这不仅会伤害他的感情，也无助于消除他的恋物行为。而《阿文的小毯子》通过故事告诉我们，应该如何在爱的共情中寻找解决方法。

首先，父母要认识到，恋物行为不全是弊端。从认知角度来看，有假想伙伴的儿童更有想象力；从人格形成角度来看，孩子在与假想伙伴互动时，会逐渐学会区分自我和他人，增强自我意识；从社会关系角度来看，假想伙伴作为一个过渡体，有助于孩子树立平等互动的观念。并且，随着时间的推移，孩子会慢慢理解伙伴的真正含义，从依恋假想伙伴到接纳真正伙伴。

哈佛商学院的一项研究表明，化解或避免冲突的最佳思维模式是共情思维。在处理孩子的成长问题时，共情思维一样有效。《阿文的小毯子》中阿文之所以最终放弃了对小毯子的依恋，是因为妈妈对他多了一份理解和心理感知，并从他的角度出发，找到了解决问题的办法。

一本书有很多种拆解方法。基于自己的目的，尝试从多个角度拆解一本书，我们就能得到书的充分滋润。

用读书指导学习，用学习检视读书

我在本书的开篇就提出"每年读完 50 本书"的目标。读到这里，你是否想要挑战这一目标？你是否好奇，读那么多书是一种怎样的体验？

每年读 50 本书，完成一次英雄之旅

《千面英雄》一书提到了"英雄之旅"，讲的是这样一种模式：一个英雄受到召唤，去往陌生的世界探险，久经磨难之后，带着宝物回归。很多好莱坞电影背后都有"英雄之旅"的影子，如《指环王》系列、《哈利·波特》系列等。

每年读完 50 本书的过程，也是一场知识的"英雄之旅"：你受到求知欲的召唤，去不同的书中探索答案，阅读过程并不顺利，但你最后还是满载而归。每个读书人都要经历这样的探索旅程，只是并非每个人都能成为英雄。

如果你只是把这个过程当成一场放松心灵的旅行，它就会充满问题，你可能会"读了书但没有记住""记了笔记但不会应用"。探索过程注定一波三折，你将遇到很多困难，如你的惰性，其他因素

的干扰，娱乐和信息的诱惑。在阅读入门阶段，你还会遇到如何提炼一本书中的精华、如何提高记忆效率等问题。这些问题就像一座又一座山峰，等待你这个英雄去攀登。

而在旅程的终点，你会得到书中埋藏的大量宝藏。借助这些宝藏，你能够提升自己，改善生活，改变人生。

如果你每年读 50 本或更多的书，你将有机会完成"英雄之旅"圆环。

完成学习之旅圆环

《穿透式学习》一书将英雄之旅圆环应用到学习中，提出了学习之旅圆环（见图 6.1）。学习之旅圆环，即从我们熟悉的现实生活出发，走入未知的知识世界，在其中不断学习，最后带着知识和技能回到现实生活（实干世界）中并学以致用的过程。阅读量越大，完成学习之旅圆环的概率就越大。

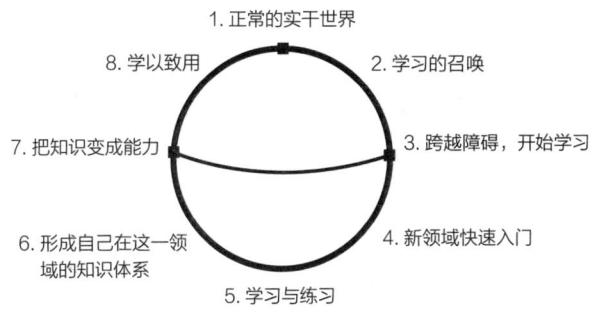

图 6.1 学习之旅圆环

实干世界，就是我们工作和生活于其中的世界。最初我们可能不那么热爱读书。在实干世界中，我们的工作和生活也比较稳定，直到有一天，我们受到了某种学习的召唤，于是开始读书。

你开启学习之旅的契机是什么呢？是公司裁员危机、工作晋升危机、职业转型困难，还是你每天有很多空余时间，却不知道如何安排？这些问题都表明你受到了学习的召唤。

当你开始读书时，你可能会遇到困难，如不知道读什么、读完记不住。这些都是我们初期会遇到的障碍，通过阅读本书前面的内容，相信你已经找到了破解方法。

突破初期障碍后，你掌握了一些新的方法，如之前提到的两张A4纸阅读法。在持续阅读的过程中，你逐渐掌握了更多技巧，如笔记法——也许你对读书笔记PPT很感兴趣，于是也开始学着制作。

此后，你会在这一领域形成自己的知识体系。所谓知识体系，是指把某一主题的大量知识点，系统、有序地组合成某种类型的知识架构。这种架构像蜘蛛网一样，能把不同的知识点有规则地串联起来。

在形成知识体系之后，你开始着手把知识变成个人能力，如写读书稿的能力、做读书社群的能力、解书成课的能力等。

你要将在学习之旅中习得的能力、学过的知识用起来，回到实干世界中，解决自己在现实工作和生活中遇到的难题，如育儿难题、情感困扰、工作迷茫、理财盲区等问题。只有这样，整个学习之旅圆环才算完成一次。

如果我们以完成学习之旅圆环来要求自己，我们的阅读效率就会显著提高。而且，我们可以不断重复这样的圆环之旅，不断登上新台阶。

从书中来，到书中去，这真的是一场美妙的探索之旅。

成为更好的自己：三个学习之旅圆环实操

很多人问我："读了这么多年书，你遇到的最大惊喜是什么？"我的答案是，成为更好的自己。

至于怎样成为更好的自己，每个人都有自己的见解，我的想法是：完成一个又一个学习之旅圆环，你就能持续向上、愈挫愈勇，成为更好的自己。

下面我分享一下我完成三个学习之旅圆环的过程。

第一个学习之旅圆环：阅读沟通领域的书籍

我的第一轮学习之旅圆环，是从阅读沟通领域的书籍开始的。虽然整个过程耗时近两年，但为后来的学习之旅圆环做了很好的铺垫。

整个过程分为以下九步。

正常的实干世界（现实工作生活）

在进入学习之旅圆环之前，我在工作和生活上都遇到了困难。工作上，我无法与领导和同事正常沟通，经常起冲突；生活上，我觉得爱人不理解我，特别苦闷，每天心情极差。

学习的召唤

我不想再这样下去了。一方面，刻意压抑自己的情绪，总有一天会爆发；另一方面，我认为眼前的问题一定有解决办法，只是我还没有发现。

跨越障碍，开始学习

我不知道哪本书更适合我，索性就买了几十本相关主题的书。我想，只要有一本书所讲的方法对我有用，买书的钱与看书投入的时间就没有白费。

新领域快速入门

很多沟通主题的书都很好懂，而且非常实用。书中的很多话术可以直接用来解决日常问题，比如，如何跟领导汇报，如何跟家人沟通，等等。

学习与练习

书中的沟通技巧有很多，从"如何聆听""怎样确定自己听懂了"到"如何回应""怎样说话，对方更易理解""如何说，才能打动对方"，我们只有大量练习，才能把这些技巧变成日常沟通的武器。

形成自己在这一领域的知识体系

随着持续的阅读和实践，我慢慢形成了自己的知识体系，这个体系是逐渐丰富起来的，最初它只是一个框架（见图6.2）。

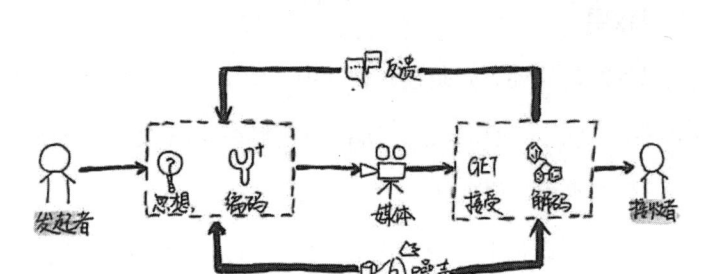

图 6.2 沟通模型

把书中知识变成能力

如何才能把书中的知识转化为自己的能力？最简单有效的方法是应用，在具体问题中应用，在常见场景中应用，比如，布置工作任务时，如何跟下属进行沟通（见图 6.3）。

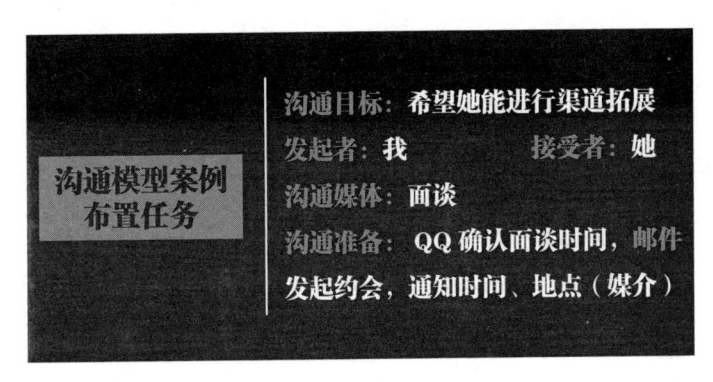

沟通模型案例
布置任务

沟通目标：希望她能进行渠道拓展
发起者：我　　　　接受者：她
沟通媒体：面谈
沟通准备：QQ 确认面谈时间，邮件发起约会，通知时间、地点（媒介）

图 6.3　布置任务案例

学以致用

学以致用的主要方式是在"教"中"学",在"学"中"用"。通过教学,分享并应用技能,巩固自己的学习成果,多次反复阅读,大量翻阅笔记,根据反馈,不断优化迭代。

我最初是在微信群里分享沟通技能,后来通过在朋友圈宣传,让更多人知道了我的沟通课程,于是被邀请到更多学习社群做分享。分享的过程,也是不断打磨自己课程的过程。我也在"教"中不断完善自己的知识体系,在"学"中不断实践自己的知识体系。

回到实干世界(现实工作生活)

我完成这一个学习之旅圆环后,最直观的改变是,领导和同事开始跟我说"你最近变化很大",我在微信群分享相关内容时,很多人对我说"听完后很有启发"。我也尝试把所学技能应用到家庭问题中。比如,我总结了与爱人沟通时存在的问题,得到了来自家庭的正反馈。

第二个学习之旅圆环:应用DISC

第二个学习之旅圆环,从我巧遇DISC开始。阅读沟通领域的书籍时,我无意间了解到DISC。因为DISC有助于人际沟通,所以我开始主动学习。这个学习之旅圆环进展得很顺利,我很快就跨过了学习障碍。值得一提的是,在学习与练习阶段,我不仅参与了100多节DISC翻转课堂,还参加了线下DISC培训课程。由于这些努力,我逐渐形成了自己的知识体系,乃至于后来,我提出了借助DISC制作书单的方法，成功将知识应用在新的领域。

虽然在这个过程中，我没有看太多书，但如果没有第一个学习之旅圆环的铺垫，这种学习效率是不可想象的。随着我对 DISC 技能的熟练掌控，我完全可以运用它来写书评、课稿。在这个过程中，我自动开启了第三个学习之旅圆环。

第三个学习之旅圆环：教学与培训

在学习 DISC 线下课程时我发现，很多同学都是培训圈的讲师，或者将自己定位为自由讲师或企业内训师。在交谈过程中我发现，他们在同时学习教学技能和培训技能。

于我而言，教学技能和培训技能毕竟是全新的领域，所以，在决定投入成千上万的培训费之前，我先阅读了很多相关书籍，又请前辈帮我开了一个长长的书单。

我用近一年时间完成了入门，因为这一领域不像之前那样，可以结合自身工作和生活中的问题进行思考。我之前从未接触过这一领域，所以书中的很多专业知识和案例我都看不懂。

也就是在这时，我尝试了一种新的读书方法——"联想应用法"。比如，学习完"1 对 1"教练技巧后，我就开始展开联想：我和下属进行沟通时，是否可以完成一次"1 对 1"教练实践？在这样的模拟练习中，我逐渐理解了那些专业知识。

我从开启这个学习之旅圆环到形成自己的知识体系，耗时更长，但有趣的是，我把书中的知识转化为自身能力的时间更短了。

这是因为，大量阅读不同领域的书籍后，我会自然而然地形成一些一般能力，从而将不同领域的不同方法结合起来。这就是融会贯通，也是跨界学习的魅力所在。

在结束第三个学习之旅圆环后，我开始重新进行自我定位。因为接触的领域越来越多，我没有足够的精力把各方面都做得很好。有些领域的知识，即便读懂了、明白了，也不一定能很好地运用。所以，从第四个学习之旅圆环开始，我把主要精力放在了培训课的设计和运营上。

像DISC、教练工具，既能解决个人的沟通、情绪问题，也能解决团队目标、团队沟通、团队共创等方面的问题。世界上的好方法特别多，我们既然不可能把它们全部学会，不如专精于一个领域，重新回到以前读过的书籍、学过的课程里，再次琢磨、提炼，学以致用。

读书的过程，就是一轮轮开启学习之旅圆环的过程。每当我们开始新的旅程时，都会觉得困难重重。但是，完成第一个学习之旅圆环后，第二个学习之旅圆环就会变得更加顺畅。只要继续往前走，就会有新的难题出现，就像不同的人生阶段有不同的困难一样。但也正因为这些困难，我们才能体会到自己是实实在在的鲜活的生命。人生并非永远充满欢乐，但在面对不断出现的困难时，我们始终要寻找方向、尝试各种方法，哪怕跌倒了，也要爬起来再战。

是的，我们终将成为更好的自己，或早或晚，只是目前尚在路上。

升华篇：读书，输出与收获并存

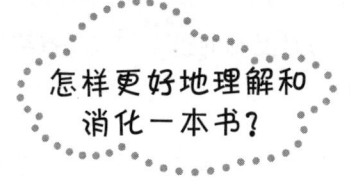

怎样更好地理解和消化一本书？
{ 尝试吸收书中观点
完成阅读后用自己的话表达出来
带着观点读书
带着问题读书

不断开始你的学习之旅

培养拆解能力
从书中来，到书中去

私家珍藏：对我帮助很大的书

在本书的最后一节，我想向大家推荐一些"好朋友"，也就是多年来对我帮助很大的书。这些书在我孤单时陪伴我，在我迷茫时点醒我，在我失意时温暖我，也希望它们能让你变得更好。

奠定认知基础的三本书

我读过最好的关于认知升级的三本书是《认知觉醒》《格局逆袭》《最重要的事，只有一件》。

《认知觉醒》一书提出了引发人们焦虑的五大场景，并且一针见血地指出，人们之所以非常焦虑，是因为他们既不想付出太多努力，又想快速取得成果。这本书还指出，治疗焦虑的方法很简单，那就是保持耐心。所谓耐心，就是坚持到复利的拐点，就是持续努力，直到能看到明显成绩的一天。

《格局逆袭》一书在我最迷茫失意时给了我莫大的支持。书中提到，在任何领域，你只要坚持一年，就能小有所成；坚持三年，就能取得令人瞩目的成绩。我当时半信半疑地将这一说法付诸实践。从那时起，我每个月都举办读书会或微信群领读活动，结果不到一年半，我就取得了让人惊讶不已的成绩。后来我把这句话分享给了很多人。或许它有些绝对，但它能鼓励你，让你心怀希望。

《最重要的事，只有一件》是我接触的第一本关于说书课的书，至今我已经读了20多遍。人生的每个阶段都会面临选择难题，其中最难的就是"当下，什么对我来说才是最重要的"。与其说这本书给出了什么具体的方法，不如说它在时刻提醒我们思考"我是不是又陷入了战术慌乱，战略全无？"我们在努力的时候，常常陷入战术困局里，忘了思考"我想要什么"。

对我们而言，最重要的事，只有一件。

让我拍案叫绝的书

"哪些书读起来让人拍案叫绝？"这是读者在网上给我留言最多的一个问题。

这样的书其实非常多。名家的作品往往令人拍案叫绝。不过，对每本书都拍案叫绝，也可能说明一个人的认知水平和阅读经验不够。

真正让人啧啧称奇的书，往往是那些仅用简短文字，就表达了精妙的人生哲理的书。比如，《认知觉醒》就为读者讲解了认知思维的奥秘，《沟通的方法》一书也一针见血地指出了沟通的底层逻辑。后者提出了一个很好的观点："把人和人的关系定位成动态的，这样你拜访客户的时候，就不会因为他拒绝你而失落，因为那只是作为客户身份的关系暂停，你们的朋友关系却刚刚开始。"这本书让我发觉，正是因为关系的流动性，有些沟通才那么顺利。

若论令人拍案叫绝的书，我能列出1000本不同国家、不同作者、不同主题的书。实际上，你只要根据自己的标准来选书，就会遇见很多令人啧啧称奇的好书。

经常出好书的作者

经常出好书的作者特别多，比如秋叶大叔，他出书以高频率、高质量著称。可能你无法想象，秋叶大叔可以在一年内出版两本以上质量上乘的书。

他之所以写书快，是因为他拥有庞大的知识储备。

另外，能够高频率输出高质量内容的作者，往往是经常写作的人。秋叶大叔的微信公众号保持日更节奏，他在社群中也每天分享干货。此外，他还是大学老师，会在课堂上向学生输出知识。这么大的输出量，必然需要大量的输入，这些输入大部分都来自读书。

如何有效阅读一本书

陪伴我最久的书

陪伴我最久的书是《高效能人士的七个习惯》。最初我是从父亲那里看到它的，我原本以为它是一本"鸡汤书"，所以并没有翻开它。后来在做心脏手术期间，我为转移焦虑，逼着自己看书。也是在那时，我才被这本书打动。它对我的工作很有帮助，陪伴我走过了独自奋斗的那些日子。到后来我晋升管理层，之后又组建团队、自己创业，我才懂得这本书的精髓。

值得给孩子看的书

有很多父母问我："哪些书值得给孩子看？"

我不会具体推荐哪一本书，因为孩子的判断力和认知会随着年龄而提升。但是，当我看的书激发孩子的好奇心时，我会随时随地为他介绍那本书的亮点。

我在看《认知觉醒》的时候，我儿子小小钱问我在看什么书，我说："你岭叔写的《认知觉醒》。"他问："妈，这是讲什么的？"我说："你看这个图，'舒适区'就代表，你学数学时，能很快答对数学题；'困难区'就代表，你学英语时，一句英文都不懂；'拉伸区'就代表，你学语文时，只要用心就能学会。"

不需要跟孩子解释太多，用简单的几句话介绍一下你正在看的书，如果他有兴趣，你就继续跟他讨论，如果他不再提问了，你们就各做各的。

你的孩子将来也许会看你看过的书，也许不会，你不要强制他读某些书,毕竟他有自己的路要走,有他不得不独自面对的人生。

升华篇:读书,输出与收获并存

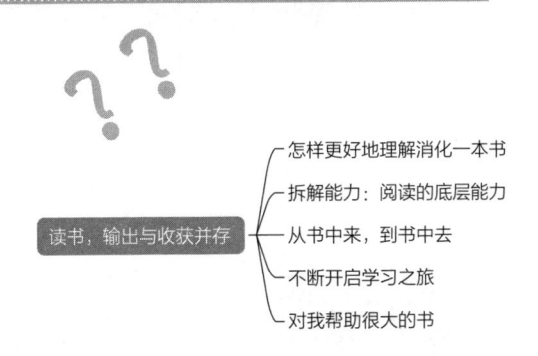

读书,输出与收获并存
- 怎样更好地理解消化一本书
- 拆解能力:阅读的底层能力
- 从书中来,到书中去
- 不断开启学习之旅
- 对我帮助很大的书

写在最后:

希望这本书能够帮助到零基础不爱读书,或者不会读书的朋友,希望通过这本书,你们不仅爱上读书,更会读书,享受读书!

我的下一本书会是一本进阶阅读书,会讲到关于如何高效读书,如何深度阅读,如何真正把一本书全方位地用起来,解决现实中的问题,以书滋养自己的生活。

在我的下一本书里,我会分享很多我的经历和故事,讲述我从一个普通职场人,一个普通宝妈,通过读书改变命运的故事,相信我的故事会给到你更多的启发和参照。

感恩与每一个你的遇见!

作者公众号